民营企业融资能力研究创新发展及

以广西的实践为例

李维胜 苏瑞芳 蒋绪军 著

企业管理出版社
ENTERPRISE MANAGEMENT PUBLISHING HOUSE

图书在版编目（CIP）数据

民营企业创新发展及融资能力研究：以广西的实践为例 / 李维胜，苏瑞芳，蒋绪军著．—北京：企业管理出版社，2022.4

ISBN 978-7-5164-2560-2

Ⅰ.①民…　Ⅱ.①李…②苏…③蒋…　Ⅲ.①民营企业 – 企业创新 – 研究 – 广西②民营企业 – 企业融资 – 研究 – 广西　Ⅳ.① F279.245

中国版本图书馆 CIP 数据核字（2022）第 032345 号

书　　名：民营企业创新发展及融资能力研究：以广西的实践为例
书　　号：ISBN 978-7-5164-2560-2
作　　者：李维胜　苏瑞芳　蒋绪军
策划编辑：侯春霞
责任编辑：侯春霞
出版发行：企业管理出版社
经　　销：新华书店
地　　址：北京市海淀区紫竹院南路 17 号　　**邮编**：100048
网　　址：http://www.emph.cn　　**电子信箱**：pingyaohouchunxia@163.com
电　　话：编辑部18501123296　　发行部（010）68701816
印　　刷：北京虎彩文化传播有限公司
版　　次：2022年4月第1版
印　　次：2022年4月第1次印刷
开　　本：710mm × 1000mm　1/16
印　　张：11.25印张
字　　数：115千字
定　　价：68.00元

前言

2019年3月，习近平总书记在参加十三届全国人大二次会议时指出，要坚持“两个毫不动摇”，落实鼓励引导支持民营经济发展的各项政策措施，为各类所有制企业营造公平、透明、法治的发展环境，营造有利于企业家健康成长的良好氛围，帮助民营企业实现创新发展。推动民营企业创新发展，提升民营企业融资能力，对于经济社会可持续发展具有十分重要的意义。

本书研究分为两部分：民营企业创新发展研究；民营企业融资能力研究。

第一部分，民营企业创新发展研究。

首先对创新发展的概念进行了界定。对于企业来说，创新发展更重于实务，因此本研究侧重于民营企业的管理创新和科技创新。加快民营企业创新发展有利于经济高质量发展，有利于解决就业问题，有利于提高资源配置效率，有利于增强市场经济活力。同时本研究还对国内外的相关研究进行了综述。

随后以广西民营企业作为研究样本，对广西民营企业创新发展的现状进行了分析，研究广西民营企业在创新发展方面的问题，探索问题形成的原因。此外，总结广西民营企业在创新发展上存在的误区，指出在今后的发展中要避免这些误区。

接着研究了当前广西民营企业创新发展面临的机遇和挑战。当前广西民营企业创新发展正迎来良好的发展机遇，主要体现为政策机遇、加快开放合作带来的机遇等。当前广西民营企业创新发展也面临很多挑战，体现为国际经济环境变化的挑战、完善企业制度的挑战、产业转型升级带来的挑战、创新发展难度不断加大的挑战等。

本研究还对国内典型地区加快民营企业创新发展的经验进行了分析。在民营企业创新发展方面，浙江、广东作为东部地区的强省，湖南和四川作为中西部地区迅速发展的代表性省份，其发展经验对广西有较好的借鉴意义。

最后，基于以上分析，我们提出推动广西民营企业创新发展的对策建议。

第二部分，民营企业融资能力研究。

本部分以广西民营企业为样本，围绕资本市场、直接融资、策略研究等重点进行分析。

首先对直接融资的概念进行了界定，并指出本部分研究的重要意义。

随后为全面分析广西民营企业直接融资方面的问题及所采取策略的不足，我们有针对性地进行了问卷调研（问卷详见附录 1）。本次调研的对象是广西区内的民营企业，我们从企业库抽取 70 家企业。为了增强企业的代表性，我们选取了 5 年来持续经营且注册资本在 1000 万元以上的企业，共计 51 家，企业的行业性质包括第一、第二、第三产业。调研的方式包括现场拜访、电话调研、问卷填写等。主要调研对象是公司董事会秘书、公司副总经理及以上高层管理人员等。

接着研究当前制约广西民营企业在资本市场直接融资的四个主要问题：缺乏经验、改制困难、环境不优、认识不够。上述制约广西民营企业在资本市场直接融资的四个问题，其成因在于民营企业自身、全国资本市场和自治区资本市场。

同时，本研究介绍了广西推动民营企业在资本市场直接融资的多种策略，分析了当前策略存在的不足。

本研究还对国内典型地区（浙江、安徽、四川）增强民营企业资本市场直接融资能力的经验进行了分析，并指出其对广西的启示。

最后，基于以上分析，结合发展实际，提出增强广西民营企业资本市场直接融资能力的策略建议。

本书研究采用了定性和定量、理论和实践相结合的方法，通过实地调研、问卷调查及专家咨询等方式，收集相关数据，对数据进行挖掘，然后根据企业战略、企业创新、资本市场等理论，对民营企业创新发展及融资能力进行研究，并针对问题提出建议。

在本书撰写中，广西大学李维胜教授负责全书大纲的拟定和定稿，并负责撰写第一部分第五章以及第二部分（包括第六章、第七章、第八章、第九章、第十章、第十一章、附录1、附录2）；苏瑞芳负责撰写第一部分第一章、第二章、第三章；蒋绪军负责撰写第一部分第四章及附录，同时负责全书的修改及整理工作。

由于作者水平有限，书中难免出现不妥之处，恳请各位读者批评指正。

目 录

第一部分 民营企业创新发展研究

2019年3月，习近平总书记在参加十三届全国人大二次会议时指出，要坚持“两个毫不动摇”，落实鼓励引导支持民营经济发展的各项政策措施，为各类所有制企业营造公平、透明、法治的发展环境，营造有利于企业家健康成长的良好氛围，帮助民营企业实现创新发展。推动民营企业创新发展，对于广西经济社会可持续发展具有十分重要的意义。

第一章
研究意义及国内外研究综述

创新发展主要包括管理创新发展（包括文化创新、制度创新及模式创新等）、理论创新发展、科技创新发展等。科技部和全国工商联2018年印发的《关于推动民营企业创新发展的指导意见》指出，全面支持民营企业提高科技创新能力，做大做优做强，其重点是推动民营企业科技创新。我们认为，对于企业来说，创新发展更重于实务，因此本研究更侧重于民营企业的管理创新和科技创新。

创新居“五大发展理念”之首，是引领发展的第一动力。在党的十九大报告中，习近平总书记有50多次提到了创新，该报告进一步明确了创新在引领经济社会发展中的重要地位。对民营企业来说，创新同样是引领发展的第一动力。

一、研究意义

民营企业创新发展是新时代经济发展的要求。民营经济在广西经济中发挥着重要作用，2019 年，民营企业的技术创新成果占比在 70% 以上。当前我国经济已由高速增长阶段转向高质量发展阶段，广西也在务实推进经济高质量发展。体量庞大的民营经济转型升级事关广西经济的转型升级和健康发展。民营企业是广西科技创新的生力军，是实施“三百二千”科技创新工程、推进科技创新支撑产业高质量发展的重要力量，在广西经济社会发展中发挥着不可替代的重要作用。推动民营企业创新发展对于经济社会的可持续发展具有十分重要的意义。

1. 推动民营企业创新发展有利于广西经济高质量发展

推动民营企业创新发展，有助于加快实现广西经济发展方式由粗放型转向精细高效型。把创新成果转化为现实生产力，可以推动广西民营企业催生新产业、新业态、新商业模式，显著提升各生产要素的生产效率，提升广西实体经济水平，提升广西经济发展质量等。将创新带来的高新技术用于改造提升传统产业，可以提高生产效率，不断丰富广西制造、广西智造的内涵，为广西持续发展注入新动力，同时降低资源能源消耗，减少环境污染，这对于广西经济精细高效发展，进而建设壮美广西、共圆复兴梦想具有十分重要的意义。

2. 加快民营企业创新发展有利于解决就业问题

党的十九大报告中强调："就业是最大的民生。"社会稳定的关键是解决国民就业问题，而民营企业可以提供大量就业岗位。民营企业因其就业容量相对较大、创新意识相对较强、用工机制相对灵活等特点，一直是广西增加就业的强劲引擎，也是目前广西就业的主渠道。但在当前新冠肺炎疫情影响下，广西很多民营企业面临发展困境。在疫情期间以及疫情过后加快民营企业创新发展，进而推动民营企业做大做强做优，有利于解决广西民众的就业问题。

3. 加快民营企业创新发展有利于广西提高资源配置效率

加快民营企业创新发展有助于社会各类资源的有效配置。在市场经济中，市场在资源配置中发挥决定性作用，生产什么、生产多少、为谁生产都是由市场来决定的，这在民营企业体现得更为明显。民营企业基于自己对市场信号的理解来调节生产的品种、生产的数量和市场的定位，其资源配置效率相对更高。因此，加快民营企业创新发展有利于优化人才、资金、土地等各类资源的配置效率。民营企业的发展使得广西的市场主体变得多元化，形成了多元竞争格局，为国有企业发展改革提供了对照体系，有助于国有企业加快改革发展，实现社会资源的高效配置。

4. 加快民营企业创新发展有利于增强广西市场经济的活力

目前，民营企业已经成为广西国民经济中最具活力的部分之一。民营企业的发展打破了公有制经济“一统天下”的格局，弥补了公有制经济的不足，增强了经济的活力。加快民营企业创新发展，有利于充分发挥各类市场主体的活力。尤其是民营企业有助于打破垄断，凡是有民营企业进入的垄断行业，都将逐渐变成竞争性行业，使得市场主体的活力显著增强。当前，从每年新增规模企业数量来看，广西市场主体的活力还不够，应加快推动民营企业创新发展，增强广西市场主体的活力。

综上可知，对广西民营企业创新发展进行研究并提出促进创新发展的对策具有重要的现实意义。

二、国内外研究综述

近年来，在党和政府的指导和支持下，我国民营企业鼓足干劲，积极努力，发展迅速，对国民经济的贡献逐渐增大。当前，民营企业已经成为推动广西经济快速增长的新生力量、地方财政税收的重要来源和促进居民就业的主要推动力。因此，新时期加快推动广西民营企业创新发展、绿色发展、提质增效，对于广西经济发展、社会稳定具有十分重要的意义。下面对当前国内外关于民营企业发展的研究成果进行梳理和分析，从而为推动广西民营企业创新发展提供一定的理论依据与实践借鉴。

1. 国内研究现状

就当前国内关于民营企业发展的研究成果来看，主要涉及民营企业的制度创新、人力资源管理、科学技术创新等方面。在民营企业的制度创新方面，王宝荣（2003）认为，当前民营企业普遍进入追求可持续发展的阶段，对知识的依赖程度提高，市场也更加开放和透明，这些都成为民营企业制度创新的驱动因素，并且从产权关系、知识资本化以及市场效率等层面提出民营企业制度创新的发展方向。廖万新（2020）认为，实现民营企业制度创新，需要转变制度变革观念、构建管理制度的制约机制以及进行管理方法的创新。在民营企业的人力资源管理方面，孟令燕（2020）认为，当前民营企业普遍存在着员工结构单一、工作积极性低以及在人力资源方面投入低等问题，并从重组人员结构、提高管理人员素质及员工福利、完善用人机制等层面为民营企业人力资源管理创新提供了解决路径。在民营企业的科学技术创新方面，杨玉民（2006）认为当前我国民营企业科技创新的主要困境在于专业技术人才匮乏、企业融资困难等，推动民营企业科技创新需要从引进技术人才以及破除融资困境方面入手。伦顺成（2011）、陈德金和林继扬（2018）则分别从青海和福建民营企业的发展现状入手，论述了科技创新对于民营企业高质量发展的重要意义，并提出了构建科技创新激励机制、加强政策引导及支持等改进性措施。

2. 国外研究现状

国外关于民营企业发展的研究主要集中在企业人才管理、企业技术创新以及企业管理创新等方面。在企业人才管理方面，国外一些学者研究认为中小民营企业的人力资源管理与大型民营企业明显不同，大型民营企业的人力资源管理规章制度、方式方法对于中小民营企业并不完全适用，因此，人力资源管理如何适用于中小民营企业可作为一个新领域来深入研究（潘荣和连杰，2006）。Agnes等（2014）以澳大利亚的中小民营企业为案例，研究其人力资源管理内容，认为中小民营企业的人力资源管理是伴随着企业成长或者适应外在环境而不断改变的，最早在其成立初期、成长时期改变，其改变速度要比晚期、成熟稳定期快。在企业技术创新方面，主要分为三个角度：①在高水平团体决策与企业整体行为方面，以卡特为代表，对民营企业管理决策层如何进行科学管理创新进行了详细的研究和阐述；②在组织整体架构与专利创造的关系方面，以莫斯等人为代表，对民营企业如何进行创新发展等问题进行了研究；③在民营企业技术创新的功能和结构方面，以缪尔塞为代表，对民营企业技术创新的理论知识进行了分析归纳，总结出了适应其技术创新发展的实践理论（罗明星和罗永峰，2006）。在企业管理创新方面，国外学者认为传统的技术创新、制度创新和市场创新属于民营企业管理创新的范畴；同样，更深层次的管理创新、战略创新和商业模式创新也属于民营企业管理创新的范畴。技术创新学派以曼斯菲尔德、施瓦茨等为主要代表，他们基于创新、模仿、转移、推广等之间关系的视角进行研究，对创新管理理论的发展做出突出贡献；制度创新学派以诺斯为主要代表，他们基于制度与创新之间关系的视角，深入研究了企业技术创新和经济效益中制度因素的作用，认为制度因素中的环境和采用类型对于企业经济创新发展具有显著的影响（丁娟，2002）。

3. 研究述评

综上所述，国内外学者关于民营企业的创新发展已有了较为丰富和全面的研究，通过对这些已有研究成果进行梳理，可以认清当前民营企业创新发展的现状。就广西民营企业而言，要实现创新发展，重点在于进行管理创新与科技创新。管理创新需要从管理制度、人才激励等多方面入手，科技创新在于研发和引进先进的生产技术，除此之外还需要政府部门在财税、金融、社保等各方面加大扶持力度，为广西民营企业的创新发展添动力、减阻力、解压力。

第二章
广西民营企业创新发展的现状分析

近年来，面对经济下行压力加大的形势，广西民营企业加快了创新发展步伐，努力突破发展瓶颈，一批企业已经实现了转型升级。

一、当前广西民营企业创新发展的特征

近年来，广西民营经济在复杂多变的经济环境中稳定增长，创新发展力度不断加大。2020年，全区民营经济固定资产投资（不含农户）比上年同期增长16.2%，增速比上年提高13.7个百分点，对全社会固定资产投资的贡献率接

近 70%，民营经济成为全区经济增长的重要引擎。

1. 民营企业数量快速增长

近年来，广西开展了各类营商环境优化活动，进一步改善了广西各地的营商环境，极大地激发了居民创业、创新、创造的热情，促使民营企业数量迅速增长。2018 年，民营企业和从业人员数量同比均快速增长，具体来看：民营企业工商注册登记户数为 67.39 万户，相比 2017 年增长了 7.57 万户，同比增长了 12.6%，相比 2010 年的 13.7 万户增长了近 4 倍；民营企业从业人员数量为 485.98 万人，相比 2017 年增长了 82.01 万人，同比增长了 20%，相比 2010 年的 189.4 万人增长了近 2 倍。2019 年，民营经济各类市场主体和从业人员数量同比均快速增长，民营企业数量同比增长 9.8%，个体工商户数量同比增长 12.4%，农民专业合作社数量同比增长 8%，民营经济市场主体接近 300 万户，注册资金首次超过 4 万亿元，“四上”民营企业增长 43.1%，民营经济发展速度明显提升。

2. 民营企业发展质量不断提升

一是本地民营企业不断发展壮大。2020 年广西外贸进出口总值为 4861.3 亿元，比 2019 年增长 3.5%，增幅较全国高 1.6 个百分点。其中，出口 2708.2 亿元，增长 4.3%；

进口2153.1亿元，增长2.6%；贸易顺差555.1亿元，增长11.2%。2020年，广西民营企业进出口总额为3226.6亿元，同比增长7.6%，占全区外贸进出口总额的66.4%，占比较2019年提升2.5个百分点；外商投资企业、国有企业进出口总额分别为781.9亿元、567.6亿元，同比分别增长1.8%、7.6%。由此可见，广西民营企业在外贸中的主力军作用凸显。在广西经济发展面临严峻局面的大环境下，民营企业运行呈现总体稳定、稳中提质、稳中增效的态势，在多项指标上贡献了全区半数以上的份额，为广西经济高质量发展做出了重大贡献。

二是新增入桂民营企业质量提高。例如，华为在桂林投资的信息生态产业合作区、在钦州投资的华为数字小镇项目等，投资规模多在10亿元以上，多数为能够带动整体产业链的优质项目；贵港市引进浙江知名民企铁牛集团投资建设众泰汽车贵港整车制造基地项目，总投资132亿元，这是该集团在西部地区投资最大的整车项目，装备有国内一流生产线，具备年产20万辆整车的生产能力，产品品类广，项目达产后预计实现年产值200亿元。

三是民营新产业项目发展势头强劲。例如，南宁市中国－东盟新型智慧城市协同创新中心目前已有云宝宝公司、科大讯飞公司、华为（南宁）软件开发云创新中心等20多家国内知名民企及东盟企业入驻；贵港市延长“产业链”，新引进了和乐门业、腾骏汽车、爱玛电动车等民营企业的新产业项目，大力提升了该市工业的档次；崇左市引进了广西知名民营企业广西南丹南方金属有限公司的铜冶炼项目，计划总投资126亿元，这是崇左市建市以来投资额最大的工业项目。

四是民营企业上市取得新进展。2018年，广西有境外上市公司7家，IPO排队待审企业1家，IPO备案辅导企业5家；新三板挂牌企业76家，北部湾股交所挂牌企业2738家、托管企业258家（其中尚未挂牌企业144家），在新三板和股交所挂牌企业中，民营企业超过80%。2019年6月19日，桂林西麦食品股份有限公司在深圳证券交易所中小企业板成功上市。

五是民营企业科技获奖项目不断涌现。2008年至2020年，广西科学技术奖获奖民营企业一直稳定在26.9%以上，并呈稳步上升态势（详见表2-1）。

表2-1　2008—2020年广西科学技术奖颁奖项目中民营企业参与项目情况

年份	颁奖项目数量/个	民营企业参与项目数量/个	占比/%
2008	145	39	26.90
2009	151	42	27.81
2010	147	45	30.61
2011	144	41	28.47
2012	147	44	29.93
2013	159	48	30.19
2014	161	52	32.30

续表

年份	颁奖项目数量 / 个	民营企业参与项目数量 / 个	占比 /%
2015	159	56	35.22
2016	158	49	31.01
2017	155	52	33.55
2018	145	41	28.28
2019	157	46	29.30
2020	161	63	39.13

资料来源：历年《广西科技年鉴》。

3. 民营企业实现多层次创新发展

一是利用科技创新推动生产效率显著提升。例如，广西盛隆冶金有限公司是广西区内知名的民营企业，该公司注重产品技术创新，联合北京科技大学以及国家钢铁研究总院等高等院校和研究机构，共同成立了新材料研发中心和国家重点实验室，在红土镍矿合金技术冶炼开发中充分发挥技术创新的作用，积极利用多项自有发明专利，专项研发新型含镍铬特种钢材 HRB400 及以上系列型号，新增高延展特性和耐腐蚀性，极大地提升了钢材的刚度等质量性能，起到了非常明显的降本增效作用，在向高质量发展转变的过程中抢先一步。同时还在压延车间使用美国摩根五代自动化系统，使劳动力节省 2/3。北海诚德镍业有限公司首创国内最先进的高碳顶底复合吹炼技术，和西安交通大学合作建成了中国首套 AOD 炉余热发电装置和国内最大的36MVA矿热炉2台。贵港钢铁集团优化生产工艺技术，改进工序管理等整体流程，能够按照英国标准生产产品，并销售到中国香港与澳门等地。桂林福达集团实施“技术中心技术改造项目”，并购买16台德国（KUKA）机器人，提高产品档次，逐步向世界名车供应零部件。南宁市的皇氏乳业华南中央工厂项目是南宁市加快新旧动能转换、推动传统产业转型升级的亮点项目。桂林福达基本完成机器换人、生产换线、设备换芯改造，与世界一流公司合资合作后将从原部件企业转型升级为高端装备企业。广西生富锑业科技股份有限公司在河池的年产1.5万吨锑金属及综合回收异地搬迁技改项目、广西丰林木业集团股份有限公司在南宁的年产30万立方米均质刨花板生产线技改项目、广西湘桂集团在崇左的酵母科技项目等，都是广西传统产业的民营企业在新一轮发展中以科技创新加快企业转型升级的项目。

二是管理创新成为民营企业运转的引擎。将创新企业管理模式提升到企业战略层面考虑，是广西民营企业实现管理创新发展的具体体现。例如，近年来广西裕华建设集团有限公司推动企业管理从粗放型向精细型转变，通过重置管理框架、开展并购管理、实行电子化印章等一系列变革加强内控，实现管理优化，同时通过升级资质、成立省级科技中心、引入远程信息化管理系统加强软硬件投入。目前，企业已经初步取得了转型成效，2020年纳税达1亿多元。广西博世科环保科技股份有限公司积极开展管理及商业模式创新，导入卓越绩效创新管理模式，构建企业大质量观，从领导、战略、顾客、市场、测量分析改进、人力资源、过程管理、经营结果等方面完善企业管理工作，获得南宁市第二届市长质量奖；同时积极实行PPP、第三方治理等创新业务模式，成为广西首个承接PPP项目的环保企业，目前已在江苏、湖南、湖北、云南等地承接多个PPP项目。广西劲达兴纸业集团有限公司在员工中开展创新成果评选活动，2011年至2017年，公司共评选技术创新奖、新产品开发奖、管理创新奖、优秀销售奖150余项，累计发放奖金2300万元，有效激发了公司员工的创新积极性。广西七色珠光材料股份有限公司是自治区、柳州市重点建设的战略性新兴材料产业企业，公司在创立之初就确定了打造“世界级珠光颜料”的发展战略。在产学研结合的基础上，公司剑指海外，2015年至2017年在30多个国家建立了经销商网络，在法国建立了海外研发中心和全资子公司，之后还将在海外建立3家子公司，并加快在主要应用国家发展代理商，积极推动与PPG、欧莱雅等国际行业龙头大客户的合作。一批民营企业还延伸经营领域，推动企业做大做强。如广西丹泉酒业有限公司采取“公司＋基地

+农户”方式，投资建设了1万亩红高粱基地；天龙锰业、畅宇木业等民营企业都相继成立了农业开发公司；平果铝线材有限公司成立了食品加工子公司，投身农业产业发展。

4. 民营企业创新发展的财税扶持力度加大

广西积极支持民营企业参与和承担千亿元产业科技攻关工程、广西创新计划、科技重大专项等科技专项，开展工艺技术设备改造创新、产品创新及商业模式创新活动。2020年，自治区在高新技术企业认定奖励、创新创业大赛后补助方面的科技经费约1亿元，大部分用于服务民营企业。同时，自治区科技厅将符合产业政策、产业关联度大、市场前景好的民营企业技术创新项目纳入全区重大科技攻关工程，给予技术指导和资金扶持，支持民营企业参与重大科技计划项目和技术攻关。

广西深入实施瞪羚企业培育计划、科技型中小企业成长计划和高新技术企业再倍增计划，加大对民营科技企业创新发展的财税支持力度。进一步落实科技型企业加计扣除等政策，严格落实高新技术企业、瞪羚企业研发费用补助政策，面向科技型中小微企业和创新创业团队免费发放科技创新券，主要用于支持民营科技型中小微企业与创新创业团队。对新认定的自治区级民营孵化器、进入国家级双创平台培育库的民营孵化器，以及获得国家级认定的民营孵化器，给予能力建设经费补助。对获得国家级和自治区级认定的科技企业孵化器分别给予 100 万元／家和 50 万元／家的奖补。完善创业孵化基地运营及入孵企业奖补政策，对众创空间型创业孵化基地每年给予最高可达 55 万元的房租和宽带接入费补助。通过发动、培育、辅导申报、开展培训、财政补贴、认定奖励、科技立项等措施，引导企业持续进行研究开发与技术成果转化，规范完善研发活动管理制度，逐步成长为高新技术企业。

自治区加大对民营企业创新发展的资金支持，安排广西科技型中小企业技术创新引导资金，为科技型中小企业提供贷款贴息。同时，广西运用创业投资引导基金支持中小企业发展。自治区财政每年安排专项资金 2 亿元，注入总规模 10 亿元的创业投资引导基金，通过参股方式，扶持创业投资企业发展，重点引导创业投资企业将资金投向符合自治区产业政策的处于种子期、初创期的科技型、创新型中小企业。2012 年至 2017 年，广西民营企业研究与试验发展（R&D）经费支出在全区企业中的占比保持在 9.5% 以上（详见表 2-2）。2008 年至 2017 年，除 2013 年稍有回落外，全区大中型民营企业获政府科技拨款数额逐年稳步提升，大多数年份占比保持在 0.6% 以上（详见表 2-3），广西民营企业科研经费保持较好的增长态势。

表 2-2　2008—2017 年广西民营企业研究与试验发展（R&D）经费支出情况

年份	全区支出 / 万元	全区大中型民营企业支出 / 万元	占比 /%
2008	334780	6070.7	1.81
2009	472028	9855.4	2.09
2010	628695	26325.0	4.19
2011	810204	71767.0	8.86
2012	961967	97006.1	10.08
2013	1076789	112476.3	10.45
2014	1118685	125850.6	11.25
2015	1059124	104124.3	9.83
2016	1177487	130109.7	11.05
2017	1421787	135046.4	9.50

表 2-3　2008—2017 年全区大中型民营企业获政府科技拨款情况

年份	全区财政科技拨款 / 万元	全区大中型民营企业获政府科技拨款 / 万元	占比 /%
2008	228410	303.8	0.13
2009	365707	1121.0	0.31
2010	216554	1576.0	0.73
2011	282470	1976.0	0.70
2012	428120	2741.3	0.64
2013	543579	2042.0	0.38
2014	599250	3578.0	0.60
2015	496321	3390.1	0.68
2016	451977	3192.1	0.71
2017	600392	3708.8	0.62

5. 民营企业创新发展的政策引导力度不断加大

一是广西加大向民营企业开放自治区重大科技创新基地、重点实验室等科研设施和大型科研仪器的力度。近年来，广西加强引导民营企业将符合条件的大型仪器加入自治区大型科学仪器协作共用网并对外提供共享服务，实施设区的市级（含）以上部门立项资助或自筹经费科研课题时使用入网仪器，按政策规定予以运行补贴或测试补助经费支持。

二是强化对民营企业创新发展人才的培育和引进力度。近年来，广西加大了民营企业人才培训力度，在自治区、市、县、民营成员单位全覆盖地加强民营强优企业的培育。其中，由自治区党委统战部作为培育工作的牵头负责部门，推动自治区、市、县三级民营强优企业高级人才的培训；近年来联动举办各类人才培训班超过200多期，专项培训经费得以纳入财政预算，2019年全区财政安排民营强优企业人才培训经费超过1000万元。同时，广西充分利用八桂学者制度、广西青年创新创业人才培养计划等人才政策，持续支持民营企业引育科技创新人才。在自治区“外专聚桂高端外国专家引进计划”“港澳台英才聚桂计划”等海外引智计划中，加大对民营企业项目的支持力度。

三是大力支持民营企业的科技创新、管理创新、产品创新和商业模式创新。引导和鼓励民营企业树立质量品牌意识，推行质量兴桂战略。自治区商务厅每年评选广西老字号、名特优小吃、餐饮名店、诚信示范企业、广西骨干批发市场、广西特色商业示范街区和广西重点商贸物流企业等 10 大类 89 个内贸流通品牌及 10 家“广西出口名牌企业”等，促进流通业全面升级发展。其中，内贸品牌绝大多数为民营企业。

四是加快民营企业创业创新基地和平台建设。自治区内小型微型企业大多数是民营企业，为推进其创新发展，近年来全区加快了小型微型企业创业创新基地建设。至 2019 年底，初步建成国家级、自治区级、市级小型微型企业创业创新示范基地体系，全区有国家级小型微型企业创业创新示范基地 7 家，自治区级小型微型企业创业创新示范基地 20 家。同时，广西加大了新产品推介和交易平台的建设力度。至 2019 年底，有 2400 多家企业在广西新产品推介和交易平台注册，其中 90% 以上是民营企业，发布新产品 12000 多项，新技术 390 多项，公共服务资源 450 多项，涵盖广西 14 个千亿元产业和 10 个战略性新兴产业。

6. 民营企业创新合作力度加强

一是开放带动战略的实施力度不断加大。近年来，广西每年召开全区开放发展大会，出台支持民营商贸企业“走出去”的政策，深入开展桂粤合作驻点大招商等 20 项重大精准招商活动。自治区发展改革委协助和指导民营企业发展外向型经济，推动实施广西祥和顺远洋捕捞有限公司毛里塔尼亚远洋渔业综合开发项目、广西丰林木业集团有限公司新西兰卡韦劳年产 60 万立方米刨花板生产线项目等一批境外投资项目，累计投资额达 2.4 亿美元。

二是组织民营企业参加各类专业展会。自治区加大对民营企业“走出去”的引导扶持力度，自治区财政每年安排中国－东盟博览会境外办展专项经费 800 万元，用于支持中小企业赴境外办展，推动中小企业开拓国际市场。自治区工信委每年都组织、资助企业参加中国国际中小企业博览会、APEC 中小企业技术交流暨展览会、中国工博会、西部博览会、桂台经贸文化合作论坛等各类专业展会。自治区商务厅每年均组织超 500 家企业（90% 以上为民营企业）参加广交会、中国品牌商品（拉美）展、广西中东欧商品展、中国广西（印度）商品博览会、德国汉诺威工业博览会、中国广西（德国）商品博览会、广西品牌商品非洲推介会、东盟各国产品展销会等境内外综合或专业商品展。

三是扶持民营企业创新合作发展。广西进一步完善和落实小微型企业扶持政策，推动民营企业发展壮大，促进民营企业加强与国内外企业的合作。例如，广西盛隆冶金有限公司与北部湾港务集团合作，在马来西亚关丹产业园创建年产 350 万吨的钢铁项目，配套型钢生产线填补了马来西亚国内无 H 型钢生产线的空白，该项目得到了马来西亚政府的高度认可和大力支持。

四是积极引导广西民营企业参与以东盟为主阵地的国际创新合作。充分利用中国－东盟技术转移中心平台、“一带一路”科技创新行动计划、东盟杰出青年科学家来华入桂工作计划等，支持广西民营企业在东盟建立示范基地、海外研发中心和联合实验室等科技创新平台，促进先进适用技术在东盟转移转化，推动民营企业“走出去”抢占全球价值链中高端。中国－东盟技术转移中心充分利用技术合作抢占先机，截至 2020 年底，通过努力已与东盟 9 个国家正式建立了双边技术转移中心工作机制。中国－东盟技术转移中心到 2020 年底已举办各种形式的科技创新与技术转移活动 60 多场，其中近 30 场在东盟国家举办，对接项目超过 1700 项，涉及企业超过 3300 家，其中绝大多数是广西的民营企业。

二、当前阻碍广西民营企业创新发展的关键问题

1. 当前广西民营企业创新发展面临的四大关键问题

一是动力不足，不想创新。由于创新具有高投入、高风险、效益回报延期性等投入产出特点，因此企业对创新往

往持消极态度。此外，企业既定的生存发展模式使得企业缺乏创新的内在动力。当前，广西民营企业逐步形成了四种不同的生存发展模式，即劳动力密集模式、低技术需求和资本需求模式、低成本和规模经济模式、技术创新模式，采取前三种模式的民营企业占广西民营企业的绝大部分。由于广西民营企业通过低廉的劳动力、机会公关等可以获得较高的利润，自主创新的紧迫感不强，加之市场不完善使自主创新存在较高的机会成本，因此弱化了广西民营企业自主创新的内在动力。广西民营企业的行业结构也是影响民营企业创新发展的因素。自治区工商联发布的 2021 年广西民营企业 100 强榜单显示，53 家企业营业收入增加额超过 1 亿元，其中 9 家企业营业收入超过 100 亿元，24 家企业营业收入超 50 亿元，9 家百亿企业中 7 家实现增长。2021 年广西民营企业 100 强中的前十位分别为广西盛隆冶金有限公司、广西南丹南方金属有限公司、广西贵港钢铁集团有限公司、桂林力源粮油食品集团有限公司、广西柳州医药股份有限公司、广西壮族自治区机电设备有限责任公司、广西扬翔股份有限公司、吉利百矿集团有限公司、广西洋浦南华糖业集团股份有限公司、广西桂林市家禽有限责任公司。其中，广西盛隆冶金有限公司营业收入最高，达 584.07 亿元。但从行业来看，100 强榜单中占比最多的行业为房地产和土建业（20 家），而这些行业在技术创新发展方面的动力相对欠缺。

二是风险太大，不敢创新。相对于国有企业来说，民营企业创新发展面临着较大的政策风险和市场风险。由于技术创新的高风险特性，民营企业技术创新具有很大的风险，诸如技术市场风险和技术流失风险等，真正能成功实现技术创新的企业很少，一旦创新失败，企业将面临破产的危险。民营企业普遍存在“创新恐惧症”，尤其是广西很多民营企业目前处于求生存阶段，要投入资金搞创新可谓有心无力。有的企业甚至认为：“不创新慢慢死，一旦创新就快速死。”从管理创新来看，广西民营企业大多数为家族制，要真正实现发展模式创新、现代企业管理制度创新等难上加难。

三是能力有限，不会创新。广西民营企业的竞争力普遍不强，制约了民营企业的创新发展。根据《2020 年中国民营企业 500 强报告》，2020 年中国民营企业 500 强中，广西仅有 2 家，而浙江、江苏、广东分别达到 96 家、90 家、58 家；此外，广西上榜民营企业资产总额为 564 亿元，同样上榜 2 家民营企业的还有云南和贵州，其民营企业资产总额分别为 2914 亿元、1367 亿元。同时，广西家族企业占广西企业总数的 90%以上，在企业治理结构方面，对聘用外部人才具有天然的排他特性，相当一部分民营企业的发展稳定性也极为欠缺，民营企业规模普遍偏小，工作环境较差，对员工的培训教育少，社会对民营企业的偏见较深等，民营企业创新人才数量和质量都严重不足，人才流失问题严重。广西约 80% 的民营科技企业缺乏高级技术人才，约 40%的民营企业缺乏高级技术工人。而且广西民营企业的产业规模优势不明显，大多是从个体经济发展起来，企业体量普遍较小，企业竞争力普遍不强。以玉林市为例，该地民营经济发展相对成熟，但还没有总产值超过 100 亿元的民营企业，产值亿元以上的仅有 40 家。

四是融资太难，不能创新。

从政府支持资金来看，目前，由于广西财力有限，总体上广西民营企业从财政获得的研发经费相对较少。政府倾向于将资金大部分投入到高等院校和政府所属的科研院所，投入到企业的相对较少，而投入到民营企业的则更少。从研发支持经费总额来看，广西全区支持民营企业发展的资金还不及东部发达省份一个大企业的研发投入。

从间接融资来看，由于广西民营企业大多资信较差，因此寻保难、抵押难，从银行获取贷款相当困难。可以说，融资难一直是制约广西中小民营企业发展的瓶颈问题。

从直接融资来看，近年来广西民营企业通过资本市场融资的数额较少，总体上看民营企业从资本市场直接融资的难度较大。广西民营企业通过资本市场直接融资的比例很低，2010 年只有 1 家民营企业上市，2015 年到 2021 年只有 8 家民营企业上市（见表 2-4），直接融资额还不到广西民营企业融资总额的1%，低于东部发达省份，也低于同处西部地区的贵州省。

表2-4　广西企业（含民营企业）历年上市数量情况

年份	上市（借壳）企业数	上市（借壳）民营企业数
1993	1	0
1996	2	0
1997	1	1
1998	2	1
1999	2	0
2000	5	0
2001	2	1
2003	2	1
2004	1	0
2007	3	2
2009	1	1
2010	1	1
2011	4	2
2012	1	1
2013	1	0
2014	2	2
2015	3	2
2016	2	1
2018	1	1
2019	1	1
2020	0	0
2021	3	3

资料来源：中国证监会网站。

在股票市场融资方面，截至2021年11月30日，广西的A股上市企业共计39家，上市企业数量排全国第23位，总市值为2966.19亿元。除玉林市、钦州市、来宾市、百色市、崇左市、防城港市6个地级行政区以外，广西其他8个地级行政区均有企业在A股上市，其中南宁市上市企业数量最多，为16家。广西暂无千亿市值企业，南宁市A股上市企业的总市值、总流通市值均为最高。

在债券发行方面，从2005年获准发行第一只企业债券起，截至2016年，广西共有34家企业获准发行企业债券，涉及54只581亿元，其中除2015年底和2016年初获准发行的2只项目收益债尚未发行外，已实际发行了52只，共募集到债券资金533亿元。2017年，广西发行公司债券62.55亿元，企业债券18亿元。2017年，广西企业累计发行债券687亿元，降幅达36.05%。其中，民营企业融资约210亿元，同比大幅下降41.44%。2018年，广西获国家核准的企业债券共7只，核准规模为170.7亿元，创广西企业债券获准发行规模历史新高。2019年，广西共组织申报16只企业债券，申报规模达471亿元，有5只获国家核准，共157.8亿元。总体来看，广西企业债券和公司债券的发行额年均不到150亿元，债券融资额相对较小，民营企业的债券融资能力相对较差。

在股权交易方面，广西股权交易市场起步较早，自治区本级和各市都组建了不同行业和领域的交易机构，但股权交易市场资源分散、重复建设、交易效率不高等瓶颈问题尚未得到很好的解决。2011 年 4 月，广西成立了由广西投资集团控股的广西北部湾股权交易所股份有限公司（简称北部湾股交所），主要业务是为中小企业提供挂牌展示、股权登记托管、股权融资、债权融资等服务。北部湾股交所是广西多层次资本市场体系的重要组成部分，是自治区人民政府扶持中小微企业政策措施的综合运用平台。2016 年，以广西北部湾产权交易所股份有限公司为基础增资扩股组建北部湾产权交易所集团股份有限公司，标志着广西构筑全区统一产权交易市场体系、统筹建设面向东盟的要素市场的工作全面启动。2017 年，广西壮族自治区政府根据《国务院办公厅关于规范发展区域性股权市场的通知》（国办发〔2017〕11 号）、《区域性股权市场监督管理试行办法》（证监会令〔第 132 号〕）的相关要求，下发桂政发〔2017〕40 号文件，确定广西北部湾股权交易所股份有限公司为广西唯一合法的区域性股权市场运营机构，要求其他已设立的区域性股权市场运营机构停止开展新增业务，其存量业务由广西北部湾股权交易所股份有限公司通过整合予以妥善处理。这标志着广西在构建统一的产权交易机制后，正式打造全区统一的股权交易中心。2018 年 3 月 27 日，经广西壮族自治区金融办批准，北部湾股交所向南宁金融投资集团划付南股交1.2亿元股权收购款，并于3月28日完成收购手续。截至2021年12月底，北部湾股交所挂牌企业数量有199家，挂牌展示企业达2689家，托管企业534家，中介机构193家，合格投资者1032户，北部湾股交所正逐步发展为区域内中小微企业培育和规范平台、中小微企业综合金融服务平台。

在信托融资、私募融资、风险投资等其他资本市场直接融资方面，广西民营企业的融资规模都相对较小。从信托融资来看，广西没有自己的信托公司，要到区外去发行信托计划。近年来，广西发行信托计划的企业大多数为国有企业，民营企业发行信托计划融资的金额较少。从私募融资来看，到2020年底，广西私募基金管理规模有521.45亿元。从风险投资来看，根据中国科技发展战略研究院发布的《中国创业风险投资发展报告2018》，2017年广西风险投资机构投资在全国的占比仅为0.1%左右，机构数量不到20家，风险投资机构数量居全国倒数第3位。总体来看，广西民营企业通过信托计划、私募基金、风险投资等直接融资的规模较小，对经济的拉动作用不明显。

2. 当前广西民营企业创新发展所面临关键问题的成因

造成广西民营企业不想创新、不敢创新、不会创新和不能创新的原因是多方面的，具体如下。

一是广西民营企业的负担较大。最主要的表现就是民营企业融资难、融资贵。由于民营企业自身的特点，即经营脆弱性高，因而民营企业容易存在信用障碍，符合银行放贷条件的有效融资需求不足，在资本市场中处于弱势地位。在经济下行压力有所增大的背景下，部分民营企业为了降成本，不愿在转型升级方面继续加大投入。没有足够的资金支持，企业生存都面临问题，创新发展也就无从谈起。

二是营商环境依然不优。尽管简政放权、市场准入负面清单等措施在广西得到了具体实施，但要激活民间投融资还是存在一些可以进一步清除的障碍。如民营企业“融资难”这一老生常谈的问题至今仍没有得到有效解决，一旦资金链断裂，将使得很多小微企业破产，尤其是在新冠肺炎疫情影响下，很多小的服务业民营企业不要说发展，就是生存都面临问题。整体来说，广西的营商环境有待进一步优化，市场经济体制还需完善。相对于国有企业来说，民营企业面临着较大的政策风险和市场风险。民营企业“办事难”的现象并不少见，行政审批流程较为复杂。很多时候，对民营企业知识产权的保护力度也不够，使得相比自主创新，模仿的成本较低。这些都影响着民营企业创新发展的积极性。

三是广西鼓励民营企业创新的政策协同性不强、合力不强。为鼓励民营企业创新，广西制定并出台了很多科技政策、创新政策、经济政策等，但由于它们之间的协同性不强，因而促进民营企业创新的合力不强。造成这个问题的原因如下：鼓励民营企业创新的相关政策由科技、发改、财政、工信等多个部门制定，这些部门自身的职能和掌握的资源等情况不同，各自出台的相关政策措施便具有很大的差异，加之存在部门之间沟通合作不畅等情况，造成相关政策的协同性不强等。

四是广西民营企业在创新发展方面存在路径依赖。广西相当部分民营企业基于前期发展经验，在发展战略导向、技术产品路线、市场选择等方面形成了路径依赖，这往往成为技术创新和转型升级的障碍。例如，低技术产品市场切入，原有技术的引进、模仿和集成创新等曾是促进民营企业快速发展的成功路径，但是在当前的产业环境和竞争形势下，这些路径逐渐无效，甚至成为发展障碍。原有路径的低效和无效化会给企业技术转型、技术创新升级、生产要素配置等多个方面带来不良影响，这也是广西近年来民营企业上规数量和上市 IPO 数量相对较少的重要原因。

此外，广西民营企业在创新发展上存在三个误区：一是认为创新发展就是重新回到自力更生的轨道，对技术引进完全排斥，进行技术原始创新；二是认为创新发展要完全依靠自身力量，忽视了合作与开放；三是认为创新发展要独立率先，对模仿和技术跟随完全排斥。这些误区使得广西民营企业在创新发展上形成较为严重的路径依赖，广西一些处于不同阶段的民营企业并没有根据自身实力和特点正确地运用模仿创新、率先创新和合作创新策略。

第三章
当前广西民营企业创新发展面临的机遇和挑战

一、当前广西民营企业创新发展面临的机遇

当前广西民营企业创新发展正在迎来良好的机遇，主要体现在以下方面。

1. 政策机遇

习近平总书记2018年在民营企业座谈会上的重要讲话发表后，广西各有关部门针对营商环境欠佳、税费负担重、

融资难和融资贵等问题提出了务实解决方案。2018 年 11 月，时任自治区党委书记鹿心社在南宁主持召开广西民营企业座谈会，指出要进一步坚定发展壮大民营经济的决心、增强推动民营经济转型升级的信心、树立做大做强民营企业的雄心，坚定不移发展壮大广西民营经济，助力广西经济高质量发展。2020 年 3 月，根据中央文件和新冠肺炎疫情影响下广西民营经济发展的实际，自治区党委、政府出台《广西营造更好发展环境支持民营企业改革发展实施方案》，该文件对标中央文件要求，鼓励引导民营企业改革创新，制定了 32 项可操作、可量化的具体措施和 150 多项具体工作任务，实施强优民营企业培育计划，“一企一策”给予精准扶持。政策支持上，从国家层面来看，除了加大对中小银行定向降准的力度，将释放的资金全部用于民营和小微企业贷款外，还设立了科创板，其“优胜劣汰”的市场机制有助于科创型民营企业的创新发展。近年来，广西民营企业市场准入限制进一步放宽，审批流程进一步简化，法律保护进一步强化，减税降费进一步推进，政府在“放管服”改革上发力更多。这些都为民营企业创新发展和转型升级创造了有利的条件。

目前，广西正主动对标世界银行标准，深入实施优化营商环境行动计划，大幅度提升执政效能。至 2019 年底，企业开办手续办理压缩至 3 个工作日，不动产登记压缩至

5个工作日，企业投资项目施工许可压缩至60个工作日，80%的行政权力事项和公共服务事项实现了“最多跑一次”。与此同时，广西还在压缩进出口货物通关时间、降低企业物流成本和融资成本等方面出台了系列政策举措，帮助企业“减负”。

2. 加快开放合作带来的机遇

随着共建“一带一路”扎实推进，我国同“一带一路”沿线国家的合作不断深化，这为民营企业“走出去”发展提供了千载难逢的机遇。中国海关总署的统计数据显示，当前我国前五大贸易伙伴依次为东盟、欧盟、美国、日本和韩国。2020年，我国对“一带一路”沿线国家进出口总额为93696亿元，比上年增长1.0%。其中，出口54263亿元，增长3.2%；进口39433亿元，下降1.8%。2020年，我国对其他14个RCEP成员国进出口总值为10.2万亿元，增长3.5%，占同期我国进出口总值的31.7%。其中，出口4.83万亿元，增长5%；进口5.37万亿元，增长2.2%。在其他14个RCEP成员国中，东盟十国是我国第一大贸易伙伴，进出口值为4.74万亿元，增长7%；日本、韩国分别是我国第四和第五大贸易伙伴，进出口值分别为2.2万亿元、1.97万亿元，分别增长1.2%和0.7%；对澳大利亚进出口值为1.17万亿元，下降0.1%；对新西兰进出口值为1255.3亿元，下降0.4%。目前，RCEP是全球体量最大的自贸区，涵盖全球约30%的人口、30%的经济总量和30%的对外贸易，发展前景广阔、潜力巨大，成员各方对此充满期待。

对东盟国家开放合作的加快使得与东盟陆海相连的广西面临更大的发展机遇，也为广西民营企业共享资源、创新创业、开拓市场提供了广阔舞台。随着对东盟加快开放合作，广西搭建了很多高层次开放合作平台。中国－东盟博览会、中国－东盟信息港、中马“两国双园”项目以及多个跨境经贸合作区等一批国家级合作开放平台，是广西未来发展的重要支撑。截至2019年底，广西91%的县区实现通高速公路，高速铁路营运里程已经达到1771千米，北部湾港通航70多个国家和地区，航空方面开通了200多条国际、国内航线，其中至东盟国家有25条国际航线。西部陆海新通道建设必将进一步加快区域经济协调发展，深化中国与东盟的经贸合作，促进RCEP发展，也使得广西的民营企业面临更大的发展机遇。

3. 特色产业发展机遇

目前，广西已拥有食品、汽车、冶金、石化、电子信息等10个千亿元产业，新一代信息技术、数字经济、智能装备、节能环保等新兴产业的发展不断加速。广西发展现代特色农业和旅游休闲健康养老等产业的资源丰富。其中，蔗糖业为国家战略产业，食糖产量持续多年位居全国第一；蚕茧产量连续多年居全国第一。另外，广西是全国水果产量突破千万吨的5个省份之一，也是全国重要的南菜北运基地和全国最大的秋冬菜基地。目前，广西已建成7个国家级现代农业示范区，并建成认定30个自治区级现代特色农业（核心）示范区。

4. 高质量发展机遇

党的十九大报告指出，我国社会的主要矛盾已经转化为人民日益增长的美好生活需要和不平衡不充分的发展之间的矛盾，其重要解决举措之一就是建设现代化经济体系，推动经济实现高质量发展。目前，广西经济发展方式正由注重发展速度转向注重发展质量，这对民营企业来说是一个非常难得的发展机遇。在产业创新升级发展中处于前列的民营企业将会更容易抓住发展机遇，获得更大发展空间。在数字信息发展新时期，高质量经济发展也相应提升了人民群众的消费需求层次，特别是伴随着广西居民收入的增长，实现了消费需求的增加和需求结构的升级，这给民营企业带来了更大的发展机遇和市场空间；广西城市的快速发展和城市化率的提升，将给基础设施、服务业等领域带来巨大的发展空间，从而为民营企业的发展带来难得的机遇。

二、当前广西民营企业创新发展面临的挑战

当前广西民营企业创新发展虽然面临很多机遇，但也面临很多挑战，具体包括以下方面。

1. 国际经济环境变化的挑战

改革开放以来，广西持续扩大对外开放，积极融入经济全球化，经济发展取得巨大成就。但近年来，全球经济复苏进程中风险积聚，保护主义、单边主义明显抬头，导致我国经济发展的外部环境发生了深刻变化，给广西经济和市场预期带来诸多不利影响。民营企业作为广西对外贸易的重要主体，其出口占广西出口总额的50%左右。在外部环境发生深刻变化的情况下，一些中小民营企业和民营出口企业必然会受到影响，创新能力较弱的民营企业更是处境艰难。尤其是在新冠肺炎疫情的影响下，民营企业外部订单大幅下滑。在这种经济发展背景下，很多民营企业不要说是发展，能够生存下来就已经算不错了。

2. 完善企业制度的挑战

目前，虽然民营企业整体规范经营水平和能力有很大提升，但依然存在企业管理不善、制度不规范、经营能力弱

等问题，这不利于企业在市场竞争中发展壮大，不利于实现可持续发展和创新发展。正因如此，一些企业在环境保护、社会保障、质量、安全方面存在不规范、不健全甚至不合规的法律问题。随着我国经济转向高质量发展，市场环境更加公平、开放、统一、高效，迫切需要企业制度趋向更加完善。

3. 产业转型升级带来的挑战

自然资源上的比较优势和技术上的后发优势曾经是广西一些民营企业快速发展的有利条件。但随着广西经济发展进入新时期，这种比较优势和后发优势将逐渐消失。在资源环境约束日益趋紧、人口红利逐渐消失的背景下，产业转型升级成为广西经济发展的必然选择。当前，广西正处于发展方式转变、经济结构优化、增长动力转换的关键时期，对经济主体的质量和水平提出了更高的要求，这必然给民营企业的发展带来更大的压力。民营企业等各种市场经济主体要积极主动创新发展，升级转型，促进自身高质量发展。但是，广西许多民营企业存在路径依赖，依然在粗放式发展，缺乏创新的意识、能力、主动性等。

4. 创新发展难度不断加大的挑战

目前，广西传统产业中的高端设备和核心部件技术长期以来一直依赖于区外企业，新兴技术和主导产业的发展相对滞后。一方面，随着成熟产业接近技术前沿，不仅引进技术的难度急剧增加，而且技术创新要求已从个人技术能力要求转移到产业协同效应要求上，广西民营企业的后发优势也在下降；另一方面，新兴产业技术路线的多样性和研发投资的不确定性给中小民营企业带来了更大的挑战。新形势下生产制造的自动化、智能化对简单劳动的替代，可能对广西的比较劳动成本优势造成冲击，很多中小民营企业在新冠肺炎疫情之后要从原先的劳动密集型转向资金技术密集型，会面临资金、技术等瓶颈问题。

第四章
国内典型地区加快民营企业创新发展的经验

2021年中国民营企业500强榜单显示，广西有4家企业上榜（盛隆冶金，第161名；南丹南方金属，第322名；贵港钢铁集团，第440名；力源粮油，第479名），浙江以96家居第1位，广东以61家居第3位，四川和湖南分别以8家和7家居第12位和第13位。根据国家知识产权局发布的《2018年全国专利实力状况报告》，广东、北京、江苏等省份位列全国专利综合实力前十；广东、北京、江苏在东部地区专利综合实力排名中位列前三；湖北、河南、湖南居中部及东北地区前三位；四川、重庆、陕西居西部地区前三位。因此，在民营企业创新发展方面，浙江、广东作为东部地区的强省，湖南和四川作为中西部地区迅速发展的代表性省份，其发展经验对广西有较好的借鉴意义。

一、浙江省的经验

浙江是中国民营经济的重要发祥地之一，浙江民营经济的发展历程是浙江改革开放发展历史的缩影。民营经济和民营企业一直是浙江的“金名片”，从中国民营企业500强榜单上榜企业数量的省份排名来看，浙江已连续二十多年盘踞首位。近年来，为了适应外部环境的变化，浙江省政府和民营企业积极谋求内部转型升级，通过科技创新增加产品的附加值，推动企业发展，有效地抵御了经济整体下行的压力。2021年，民营经济占到浙江经济总量的近2/3，为浙江贡献了七成以上的税收，创造了八成以上的就业岗位。浙江省的做法和取得的成效具体如下。

一是重视民营企业的技术创新项目。浙江从2018年起开始实施智能化技术改造提升工程与产业关键核心技术攻坚工程，并突出民营企业在创新研发中的主导地位，每年实施150项由民营企业牵头的关键核心技术重点攻关项目，积极支持企业建立建设产品研发机构，推动企业研究机构、研发活动、专利发明和申请全方位覆盖规模以上工业企业，促进民营企业科技创新能力全面提升。新设工业与信息化发展及振兴实体经济等专项基金90亿元，带动全省民营企业实施5000项以上数字化技术改造项目，典型的项目有不少在无人驾驶领域：阿里巴巴主攻智能车与“智慧高速公路”的配合，该项目获得杭州首张无人驾驶路测牌照；海康威视聚焦全自动泊车方案和360度高清全景影像系统方案；2020年以后吉利汽车或将实现L3级别自动驾驶车型的量产。典型的企业如宁波天生密封件有限公司，其参与的“高精度高强度中厚板结构件复合精冲成形技术与装备”项目荣获2018年度国家科技发明二等奖，这家民营小企业研发生产的核级密封件系列产品在船舶、核电等的建设中是一个很小但却必不可少的关键零件，打破了国外长期以来的技术垄断。

二是通过科技创新赋能传统产业。在浙江，除了率先拥抱数字经济的物联网、云计算、人工智能、网络安全等新兴产业外，智能制造、机器人、“上云”已经成为不少传统产业的标配。2019年5月，有32个项目首批入驻10万平方米的中国（杭州）5G创新园，这是国内首个实现5G全覆盖、提供完整5G产研条件的创新产业园。科技创新赋能传统产业发掘新的发展空间，例如：通过设备升级、智能化改造的整合，绍兴传统印染企业从上千家降到数十家，赶上了高质量发展的“二次红利”；中策橡胶集团引入阿里“ET 工业大脑”，通过人工智能算法处理橡胶工艺参数，使平均合格率提升 3%~5%；双鹿电池“黑灯”无人智能制造车间里“但见机器动，不闻人语声”，高稳定性的电池生产线使其新一代碱性电池的保质期长达 10 年。大量传统企业走上了科技创新、数字转型的道路。

三是进一步优化民营企业人才政策。科技人才是民营企业创新的实施者。近年来，浙江越来越重视并支持实用技能型创新技术人才在民营企业培养，对校企合作、教学与产业融合等方面进行深度改革，积极培养适合企业创新发展的高技能人才；建设人才服务信息云平台，积极利用大数据技术助推民营企业引进人才，定期向民营企业发布重点引才目录，鼓励企业实行股权制、期权制等收入激励方式，吸引海内外高层次人才和团队；以特色小镇理念提升改造开发区和各类产业园区，优化生产生活生态环境，以优质的环境吸引人才。

四是通过提升民营企业开放水平促进创新。浙江支持民营企业在“一带一路”沿线国家和地区推进供应链布局，通过企业国际化发展的方式增强国际交流，引进高新技术或从产品需求的角度谋求创新。2019—2021 年，浙江财政统筹安排 20 亿元专门用于民营企业参与国际性展会、出口信用保险补助等。设立 80 亿元稳外贸稳外资专项信贷资金，支持民营企业开展进出口融资。出台外贸税收优惠政策，对办税流程进行简化，提供绿色办税通道，服务于大型重点出口民营企业，优先办理出口退税。建立并完善境外投资公共服务平台，健全民营企业收购海外优质企业和到海外设立产业平台的全程指导服务机制。

二、广东省的经验

2021 年中国民营企业 500 强榜单中，广东共有 61 家企业上榜，总数排名第三，其中 5 家企业跻身前 10 强，绝大多数为民营企业，广东在创新影响力、创新力、创新质量方面位居前列，综合表现强劲。2014 年至 2018 年，广东民营企业产值增速保持在 8% 以上，民营企业成为推动全省经济平稳发展的中坚力量。广东促进民营企业创新发展的经验可总结为以下几点。

一是支持传统产业持续转型升级。2008 年国际金融危机之前，广东民营企业以外向型中小企业为主，集中在劳动密集型产业，经历了由“三来一补”的代工生产到模仿创新的过程。由于创新能力和劳动生产率较低，生产同质产品的企业集中度高，大量民营企业被限制在加工制造业的底端。2008 年国际金融危机爆发，面对市场需求急剧下降和低人力成本国家争相承接低端制造业转移的双重压力，广东传统民营企业在政府的大力支持下顺应时势，从最开始的以机器代替工人提高流水线自动化水平，到布局先进装备制造产业链，再到通过制造业服务化提升在价值链中的地位，在新一轮全球制造业价值链重构中抢占先机。企业在发展中呈现轻资产、智能化、跨界式等新趋势，并持续竞逐中高端市场，对“世界工厂”的概念进行了重新定义。

二是积极布局战略性新兴产业。近年来，广东许多民营企业专注于自主研发尖端产品，力求缩小与发达国家的科技差距。广东积极在战略性新兴产业发展方向上引导民营企业，在土地供应、招投标、项目审批、核准和备案等方面对所有企业平等对待，并在专项资金投入方面对拥有自主知识产权的民营企业予以适当倾斜，积极发挥专项资金的引导作用。2018 年以来，广东通过调研明确了 7 个重点支持的战略性新兴产业。据“实体经济十条”第三方评估调研统计，2 万家受访粤企平均智能升级投资超过 300 万元，主要投资在高端装备制造、新一代信息技术等行业。在 2019 年中国民营企业科技创新综合实力 100 强中，广东民营企业入围 32 家，其中信息技术、人工智能、智能装备等新兴产业领域的企业占比为 65.6%。

三是推动制造业向数字化、智能化发展。《中国制造 2025》明确数字化、智能化是制造业未来的发展方向。2018 年以来，广东大力发展数字经济，积极建设国家数字经济发展先导区，出台《广东省新一代人工智能发展规划》等相关政策及措施。民营企业作为广东自主创新最活跃的群体之一，在工业互联网建设中发挥着重要作用。例如，腾讯开发了“腾讯云”生态体系，建立了工业大数据实验室、工业人工智能实验室和七大安全实验室，为云计算、大数据、物联网、人工智能相关问题的解决提供方案。此外，腾讯广泛开展合作，合作单位包括高校、科研机构、制造业企业等，通过群策群力，相互合作提供方案，助推制造业产业技术与新一代信息技术创新融合，实现制造业智能化转型升级。数字信息化技术促进产业降本增效，跨领域融合正在成为广东民营企业的新“基因”。

四是完善科技成果转化激励机制。广东 2017 年编制的《广深科技创新走廊规划》(以下简称《规划》) 提出，在技术创新源头、原始基础研究等方面要加强支持力度，提速产业技术创新和科研技术成果转化，有机整合广东高水平大学、实验室体系、科研院所、重大基础设施、技术创新中心、新型研发机构、技术服务平台体系等，形成创新合力。2017 年 12 月，广东为加强面向国家重大战略需求的基础研究，正式启动建设首批 4 家广东省实验室的工作，对全省源头技术创新、基础以及应用基础研究等方面创新能力的提升和战略科技力量的强化起到了重要的推进作用。《规划》还提出鼓励对科技成果转化创新制度的探索和实施，例如将探索建立基于财政资金的科技成果限时转化制度，对科技成果转化激励机制进行完善，吸引并引导国内外科技成果向走廊高新技术企业转移，鼓励科技人员通过科技成果、知识产权等无形资产入股的方式领办或参与创办科技型中小企业。

五是加强知识产权保护法规和服务体系的建设。对于侵犯知识产权行为的防范和打击，广东一直不遗余力，越来越多的民营企业也开始重视知识产权保护。2019 年 6 月，广东出台了新版的《广东省专利条例》，提高了知识产权侵权法定赔偿上限，增设了惩罚性赔偿规定，构建了科学合理的知识产权权益分配机制。知识产权保护服务体系也在同步健全，2019 年 4 月，中国（广东）知识产权保护中心在广州挂牌并投入运作。截至 2020 年底，广东全省已建立国家级知识产权维权援助中心 6 个、省知识产权维权援助中心分中心 10 个、省知识产权维权援助中心工作站 10 家，全省维权援助工作体系进一步完善。此外，知识产权普法服务也越来越深入，法院安排工作人员深入企业讲课，为企业家介绍有关专利、商标的实用性法规和知识。

三、湖南省的经验

近年来，湖南省在建设创新型省份、推动产业结构升级、促进民营企业创新方面取得了显著成效。湖南省民营经济在省委省政府“创新引领、开放崛起”战略的指引下，持续保持稳中有进、稳中提质的发展态势，成为推动湖南省科技创新、发展外向经济的重要力量。2018 年，湖南省民营经济发展达到了一个新的高峰。从民营企业产值贡献上看，湖南省地区年生产总值为 36425.78 亿元，增长 7.8%，其中民营经济贡献全省 58.3% 的 GDP、63.1% 的税收、69% 的进出口总量。从民营企业创新发展规模上看，全省年申请专利 94503 件，同比增长 23.87%；授权专利 48957 件，同比增长 29.12%，其中民营企业蓝思科技（长沙）有限公司与楚天科技股份有限公司在工矿企业专利授权数量排名中居于前列。湖南省民营企业创新发展的成功主要得益于以下几点。

一是重视战略布局。2018 年统计数据显示，在湖南全省 4104 个高新技术企业中，民营高新技术企业约占 85%，可以说民营企业就是湖南省科技创新的主力军，推动民营科技企业创新是推动整个湖南省科技创新的关键。因此，湖南省对高新技术企业的培育十分重视，将高新技术企业培育纳入全省创新引领战略进行规划布局，明确提出到 2020 年全省高新技术企业总数要提升到 4800 家。同时，相关部门还密切关注科技企业的发展动向，与企业紧密联系，每年都会根据企业发展情况布置具体的创新任务，鼓励中小微民营企业加大研发力度，落实和完善促进中小微民营企业创新发展的措施，为企业更好地创新发展开辟道路。可以说，全面又精准的创新发展布局为湖南省民营科技企业持续不断地创新发展奠定了坚实的基础。

二是强化精准服务。在服务民营企业创新发展各个方面的需求上，湖南省做到了精准有效。在民营企业创新发展的法律制度保障方面，湖南省修订了《湖南省高新技术发展条例》，将高新技术企业培育与发展作为重要内容，明确资格认定、创办、知识产权保护等与民营企业创新发展相关的内容，强化了民营高新技术企业创新发展的法治保障。在民营企业创新研发支出补贴方面，《湖南省高新技术产业开发区创新驱动发展提质升级三年行动方案（2017—2019年）》规定，凡是高新技术企业、建有省级及以上研发平台且考核优秀的企业、首次纳入奖补范围的企业，其研发奖补资金按上一年度享受研发费用加计扣除政策的实际研发投入新增部分的10%计算，年度奖补最高1000万元。

三是重视民营企业创新发展，不断优化营商环境。良好的营商环境是助力民营企业创新升级的催化剂。优化营商环境，就是要深入推进“放管服”改革，全面精简行政审批事项，减税降费，切实减轻民营企业的负担；建立财政激励机制，制定并落实技改奖补和研发奖补办法，支持民营企业创新升级；引导金融机构增加民营企业信贷，拓展民营企业的发展空间。

2018年12月，粤港澳大湾区研究院发布的报告显示，在全国35个大中城市中，长沙的软环境和营商环境排名分别跃升至第二、第九位。长沙排名的跃升，是湖南营商环境持续优化的体现。2019年，湖南开展了“优化营商环境执行年”行动，聚焦企业和群众“最烦”“最痛”“最怕”“最盼”，进一步深化“放管服”改革，全力推进优化营商环境政策更进一步落地执行。随着营商环境的持续优化，湖南省的民营企业将会逐渐走向繁荣，民营企业的创新发展将更进一步。

四是企业主动发掘市场，积极推动创新发展。民营企业要实现创新发展，不光要依靠外部政策环境的支持，还要从自身内部入手。民营企业要推进创新，把握市场方向很重要。例如，天元盛世控股集团有限公司始终“踩”准时代节拍，近年来审时度势，主动进军实体经济，将业务拓展到商业、能源、制造等领域，实现多元化经营创新。湖南申湘汽车星沙商务广场有限公司顺应市场需求，打造了全国首个汽车经销商服务品牌，形成了从整车销售、维修服务到评估置换、金融服务等汽车后服务的完整服务链，实现了服务创新。在百强企业中，长沙市比亚迪汽车有限公司、安克创新科技股份有限公司、长沙格力暖通制冷设备有限公司、湖南科伦制药有限公司等一批民营企业实现排位大幅提升。他们有的采用自主研发的智能装备，提高生产效率；有的创新产品设计，完善用户体验；有的投入大量资金进行科研开发，抢占细分市场。他们之所以能够实现创新发展，就是因为抓住了市场机遇，顺应了时代需求。

四、四川省的经验

四川省的创新实力雄厚，根据《2018 年全国专利实力状况报告》，四川省专利实力位居全国第七、中西部第一，这离不开四川省对民营企业创新发展的重视。四川省科技厅发布的报告指出，四川省科技厅认真贯彻习近平总书记有关四川工作的系列重要指示精神，推进省委省政府民营经济健康发展大会各项部署，2018 年共支持和鼓励民营企业牵头或参与实施省级科技计划项目 1100 多项，投入经费 7 亿元，带动企业投入 19 亿元以上，促进民营企业成为科技创新的主体。在多方政策的作用下，四川省民营企业创新发展取得骄人成绩。四川省民营企业创新发展的成功经验可以总结为以下几点。

一是激发民间投资活力，助力民营企业创新。要激励民营企业创新发展，为民营企业注入更多新鲜血液，民间资本的力量不可或缺。《中共四川省委四川省人民政府关于促进民营经济健康发展的意见》中提出，要通过降低民营企业市场准入门槛，推动市场全面实施准入负面清单；要拓宽民营资本投资领域，积极引导民营企业参与投资。对于民营企业来说，民间资本的进入可以很大程度上缓解民营企业借贷难、融资成本高的问题，使企业有更加充裕的资金来投入研发，推进企业创新发展。

二是提升民营企业的创新竞争实力。打铁还需自身硬，企业要实现创新发展，就要不断增强企业自身的竞争实力。四川省主要从两方面来增强民营企业的创新竞争实力：一方面是对民营企业进行创新激励，四川省对于拥有自主知识产权且在四川研制生产高科技产品的企业，实行保险补偿和市场推广应用奖励；另一方面是强化民营企业的人才培养体系，四川省推行“天府英才卡”制度，完善企业管理型人才服务保障体系，每年输送民营企业家和高层管理人员到国内外著名高校或研究机构接受培训。“天府英才卡”不仅仅象征着便利的服务，更象征着四川省对人才的尊重与珍惜。从全国来看，各地都相继出台了人才招引政策，对于人才招引来说，不仅要有长远的发展战略及相应的配套政策，还要有接地气的温馨服务。四川省推出的“天府英才卡”制度就是一个人才服务创新，为四川省引才引智发挥了重要作用。

三是加强对民营企业创新合法权益的保护。四川省民营企业的创新发展，离不开四川省完善的民营企业法律保障体系。保障企业创新发展，就是要保护企业的知识产权，保护企业的创新权益，在这一点上，四川省给予了高度重视。2018年11月，四川省民营经济健康发展大会在成都召开，大会印发了《中共四川省委四川省人民政府关于促进民营经济健康发展的意见》，提出要建立完善的民营企业合法权益保护机制，保障创新权益，建立知识产权侵权查处快速反应机制，整合相关资源，统一裁判尺度，打击侵犯知识产权和制售假冒伪劣商品的行为。四川省还在同年11月印发了《服务保障民营企业发展"十项举措"》，其中第一条就强调要加快民营企业权益保护制度建设。可以说，全方位的法律保障为四川省民营企业的创新发展扫除了障碍。

四是紧扣民营企业创新赋能。当前，产业发展的运行轨迹正悄然发生变化：技术加速迭代、资本密集注入，以空前力度改变企业发展的方式与进程。四川省的民营企业之所以能够连年增长，实现创新发展上的突破，正是因为紧跟了时代的步伐，善于对企业的经营战略进行转型升级。例如，红旗连锁是四川省传统的连锁零售企业，依靠前沿技术来改造企业管理，因为技术赋能，近年来实现了更精细化的商业发展。相关公告显示，2019年前三季度红旗连锁实现净利润4.06亿元，同比增长超过50%，涨幅相当可观。国星宇航是传统的航空航天企业，近期通过资本引入来牵引商业模式创新，因为善于运用资本赋能，实现了超常规发展。数据显示，国星宇航在2019年1月已经完成近亿元A轮融资，目前估值近10亿元，上榜中国航天企业30强，跻身中国科协“创世技”颠覆性创新榜前10强，可谓“一飞冲天”。

五、对广西的启示

浙江、广东、湖南、四川等典型地区民营企业创新发展的经验对广西有如下启示。

1. 重视民营企业创新发展，不断优化营商环境

民营企业能否实现持续创新发展不仅取决于自身实力，也取决于外部营商环境。就广西而言，虽然近年来广西政府已经出台多项优惠措施，积极开展招商引资，不断优化营商环境，但与其他发达地区相比，广西仍然存在民营企业法律保障体系有待完善、政府行为不够规范、投资环境不够便捷等问题。因此，广西应该更进一步改善自身的营商环境，促进企业创新发展。具体来说，应加强对民营企业创新合法权益的保护，促进民营企业不断创新；规范政府行为，提高行政效率；积极引导民营企业投资，营造良好的投资氛围；降费减税、便利融资，推动民营企业扩大规模。大多数初创民营企业的经营资金为民间资金，经营

企业有如持家，只有切实降低企业经营成本，或提供更多更便利的融资渠道，才有可能快速扩大民营经济的规模。

2. 提升广西民营企业的创新竞争实力

广西民营经济起步晚、底子薄、总量小、发展慢，民营企业科技创新能力弱，缺乏龙头企业，民间投资结构性矛盾凸显，民营企业创新发展任重道远。提升民营企业的创新竞争实力，需要从两个方面入手。一是要重视企业家的作用，加强企业管理，培养企业家精神。企业家是推动产业转型升级的动力源，企业家精神就是勇于创新、勇于前进的探索精神。广西企业家要加强学习进修，积极学习先进的企业管理方法，引进先进设备，不断打造更高效的企业运作模式。二是要增强创新意识，学会抓住市场机遇。当今互联网信息技术的快速发展为民营经济带来了巨大的市场机遇，广西民营企业可以向发达地区的企业学习，借力互联网经济挖掘潜在的市场空间，打造跨境电商新模式，发展共享经济，创新流通渠道，提高流通效率，降低交易成本，打造民营企业创新发展新动能。

3. 加强创新型人才引进，完善人才服务体系

广西身处西部，人才总量少，地域吸引力弱，市场力量有限，人才缺乏一直是广西民营企业创新发展的短板。创

新的过程需要大量高精尖人才，因此，抓住人才这一关键点就是抓住了民营企业创新发展的“牛鼻子”。广西应该强化人才引进政策，广西区党委和政府大力度的高层次人才引进政策是广西高层次人才集聚的重要驱动力。在加强外部人才引进的同时，也要重视本土化人才的培育。要突出人才集聚本土特色，加大对本土高校的科研投入，加强对本土企业家的教育培训，形成具有广西特色的人才培育服务体系，进一步激发广西人才集聚活力，促进广西人才集聚良性循环。

第五章
推动广西民营企业创新发展的对策建议

面对新时代、新形势，尤其是新冠肺炎疫情，广西民营企业应该在技术、产品、生产形式和方式、市场策略、管理方式和组织结构等方面进行创新，将高质量发展作为企业发展的战略方向，使企业管理经营、创新等各项能力持续提高，增强企业的竞争力。我们认为，推动广西民营企业创新发展要着力做好以下方面。

一、激发民营企业创新发展的内生动力

民营企业创新发展内生动力的核心要素应当包括：高

水平的人才资本、领先业内的核心技术、突出的管理能力、产生强大影响力的企业文化、有效的沟通机制、完善的激励机制等。

一是培育企业树立自主创新理念。当前，要把自主创新的“政府意志”变为民营企业的“企业行为”。无论是从成本提升的角度，还是从资源环境压力的角度看，都需要民营企业主动地实现创新发展。这就要求广西民营企业顺应产业演进规律，加快淘汰落后产能，改进生产工艺和流程，激发创新发展的内生动力，向高端产业布局和转型。这也要求广西各级政府通过一系列的财政税收政策，建立利益补偿机制，使企业创新有利可图，解决企业不想创新的问题。

二是培养企业的自主创新能力，增强企业的内生动力。要对民营企业创新发展分类指导，防止出现“刮风”和“一哄而起”的现象。对于集成创新、原始创新、引进消化吸收再创新三种创新方式，要坚持针对民营企业实际情况，分步分类指导。原始创新是创新的关键，实施的主体往往是有实力的大型公司。广西广大中小民营企业应着重消化吸收再创新和整合创新，逐步培养创新能力，进而提高原始创新的水平。

三是加大财政支持力度，增强企业的内生动力。加大财政对民营企业研发的投入力度，提高对中小企业创新基金的支持强度。相比发达国家公共财政研发支出投入企业的比重，我国公共财政研发支出投入企业的比重较低，而广西该比重更低。为此，需要广西各级政府在财政投入方面加大对民营企业研发的引导。要通过财政引导资金，加大风险资金的投入，提高创新基金的资助强度等，加强对广西民营企业创新发展的投入。

推动解决现行税制不利于民营企业创新的问题，对企业研发采取更有效的税收优惠措施。推动国家对西部地区民营企业提高高技术发展计税工资方面的标准，对企业从事研发的人员予以政策优惠，尤其是对地处西部的欠发达省份广西给予更优惠的政策。同时建议国家调整税收政策，使得西部地区的民营企业吸引更多创新所需要的技术人才。

建立科技开发准备金制度，对中小民营企业创新予以扶持。建议广西通过财政资金引导建立科技开发准备金制度，支持中小民营企业创新，允许企业特别是具有科学技术发展前景的中小民营企业，按其销售收入的一定比例提取科学技术发展资金，以弥补可能由技术创新引起的损失。

完善政府采购配套措施，加大政府采购政策的执行力度，引导政府采购向广西民营企业的产品尤其是高新技术产品倾斜。目前，广西本土企业产品的市场占有率较低，尤其是民营企业的产品，在广西本地的市场占有率不高，一些民营医药企业不得不到外省销售，区内销售额远低于区外销售额。应通过政府采购扶持、加大本土民营企业产品宣传等方式，提升民营企业产品在区内的市场占有率。

二、完善民营企业创新风险的分担机制

建立和完善民营企业创新合作和风险分担机制，引导和鼓励企业之间相互合作，建立相应的新型技术开发应用市场联盟，在技术开发产学研用等产业技术价值链中，共享收益，共担风险，互惠合作，开放式创新，促进产业发展；同时，加强保护企业技术创新成果，完善企业知识产权的保护与激励机制，营造适合企业创新的良好环境。

建立风险投资母基金，推进广西风险投资事业的大发展。探索建立自治区层面的创新风险投资母基金，新增一部分财政专项资金建立母基金，或者将现有支出中的一部分用于科技专业化和技术创新。此外，为了扶持风险投资事业的发展，特别是扶持主要投资于中小高新技术企业的创业风险投资企业，要推动国家给予广西更多的优惠政策，实行投资收益税减免或投资额按比例抵扣应纳税所得额等税收优惠政策。

加大对中小民营企业的创业扶持，营造良好的创新创业环境。创新与创业是共同体，中小民营企业的创新常以创业的方式实现。对中小民营企业进行创业扶持，有利于

降低创新风险，间接鼓励创新发展，形成良好的创新氛围。应制定和出台有效的创业扶持政策，促进科技与企业对接互通，推动科技成果转化为生产力，实现民营企业整体创新水平的提高。要创造一个能够容忍创新失败的文化和体制环境，支持民营企业承担风险，并鼓励其在技术和管理方面发挥重要作用。

加大对民营企业创造知识产权的激励，着重保护民营企业合法的产权成果，让民营企业获得创造知识产权的收益。在合法合规的条件下，鼓励行业企业组建知识产权保护协会等有利于知识产权保护和创新合作的组织，鼓励企业创新合作，进一步落实和完善知识产权保护和激励机制，对知识产权侵权行为给予严厉打击，保护创新主体的利益不受侵犯。积极宣传创新、知识产权保护和激励制度与法规，对创新失败给予包容，营造有利于创新的环境，促使企业积极主动创新。

厘清产学研合作中创新风险分担和利益共享的机制，鼓励企业、院校分工合作，实现资源共享和优势互补，加快创新进程，共担创新成本，分散创新风险，使科研院校在创新合作中实现成果转化，企业在合作中获得持续的创新能力。

三、全面提升民营企业的创新能力

目前，广西民营企业创新发展的利好政策具有短期扶持特征，虽然这种短期的政策扶持是必要的，也给民营企业创新发展注入了活力，但这只是辅助性的。民营企业必须通过自身的努力，激发创新活力，加快创新发展，对产品和技术工艺不断改进，吸引高端人才，不断提升自主创新能力，从而在竞争激烈的市场中不断发展壮大。

1. 在细分领域创新

当前，社会分工日益细化。对于一些民营企业来说，在细分市场中精耕细作，不断丰富产品种类，提高产品质量和服务质量，并打造“隐形冠军”是一个明智的选择。在细分市场占有率极高，并不断取得细小进步，才是优秀企业的发展方向。广西食品、机械等特色领域的民营企业应加大在细分领域的创新，不断研发创新产品，提升自己在细分领域的创新能力，进而成为细分领域的佼佼者。

2. 在大企业产业链中创新

广西民营企业中80%都是中小企业，在市场竞争中，中小企业可以根据所处市场环境和产业的特征，积极融入产业大型龙头企业的产业链中，精细创新，成为该企业产品或服务所涉及节点中的必需节点，实现与大型龙头企业共同发展。建议广西民营企业基于自身特色，在自治区内外大企业尤其是国际知名企业的产业链中加大创新力度，在大企业产业链中推出自己的特色创新产品，成为国内外知名大企业产业链中的一环。

3. 加大联合创新力度

由于创新具有资源需求性、风险性和收益性的特点，开放共享合作式创新成为企业创新的重要模式之一，并且特别适合民营企业。应鼓励科研院校、大型企业、中小民营企业等市场经济主体根据产业特点，开展有效的创新合作，实现不同类型、规模的企业或者创新主体互利共生，促进社会整体创新能力的提升。

广西中小民营企业的力量普遍弱小，在市场竞争中处于弱势，但大量中小民营企业联合起来共同参与市场竞争，就会产生巨大的力量。中小民营企业应开展产业协作，共谋创新，共享成果，共担风险，形成科技创新合作机制，实现产业集群式发展。很多地方形成的产业集群就具有这样的性质。广西应推动服装、机械、食品等产业的民营企业抱团创新，加大创新投入力度。

建立和完善技术创新合作共享机制，引导和鼓励不同类型的企业、不同类型的机构单位之间相互合作，形成比较可靠且开放式的技术创新战略联盟，实施“产学研用金服”技术开发创新新模式，力促技术创新合作各成员都提高创新实力。例如，不同规模的企业之间应开展技术合作，针对产业重点难点分工进行技术创新开发，共享创新资源，互通有无，从而节约创新时间、分摊创新成本及分散创新风险。应推进企业与科研院所之间的合作，使企业获得持续创新的能力。注重产学研用的合作，这既可以弥补企业在技术研发方面的劣势，也可以弥补学校和科研机构在成果转化上的不足。要进一步推动广西民营大企业与中小企业完善创新风险分担机制，强化大企业与中小企业之间的创新合作。

4. 强化“三新”经济发展力度

建议广西进一步鼓励民营企业做大做强，深入了解民营企业需求，精准帮扶，加大对龙头企业的政策支持力度，加快发展“三新”经济（新产业、新业态、新商业），提升广西民营经济的产业层次，打造一批结构新、知名度高、影响力强的明星企业和拳头产品。要进一步支持广西民营企业参与重大项目和技术改造，在高端装备、智能制造、壮瑶医药等关键核心技术或产品上取得突破，提升自己的自主创新能力。引导民营企业实施“互联网+”，整合企业内外部资源，构建研发、设计、生产、管理和服务新模式，充分释放“互联网 +”的力量，推动转型升级、提质增效。

四、有效提升民营企业的融资能力

创新离不开大量资源的配合。创新需要资金，但广西民营企业面临的突出问题就是资金不足，同时由于创新具有很强的外部性，单个企业进行创新的动力就会明显不足，因此需要给予民营企业相应的税收优惠或补贴，以激励民营企业增加创新投入和创新产出。

要着力从培育市场主体、提升内在素质、完善扶持政策、推动改革创新、优化发展环境等方面寻求新的突破，确保政策效应更好地释放。要主动服务民营企业发展，引导银行等金融机构更好地提供融资服务，全力推进科技创新、产品创新、企业创新、产业创新、商业模式创新，通过多种形式协助民营企业开展好人员招聘等工作，着力破解“融资难”“转型升级难”“用工难”等问题。

在机制保障上要解决“不敢贷”和“不愿贷”的问题。要推动驻广西的银行建立信贷从业人员尽职免责机制，鼓励基层机构和员工放下“包袱”、轻装上阵。要使银行充分认识到支持民营企业发展就是支持整个国民经济发展，加大业绩考核同支持非公有制经济发展挂钩的力度。

要加大政府和银行的服务创新。要多管齐下提升对民营企业的金融服务水平，加大对民营企业的金融扶持。推动银行尝试运用应收账款质押、保理等产品和手段，在保证真实性的基础上提供融资支持；推动银行尝试推出针对中小民营企业的中长期贷款品种，满足中小民营企业购置设备、购买或新建厂房等扩大再生产的需求，避免短贷长用，对已用于长期投资的短期贷款，根据实际情况通过重定期限，或采用续贷、年审制等方式进行合理接续。政府要加快担保机构和担保基金的设立，推动民营企业充分利用担保机制获得融资。加快融资服务平台建设，强化为小微企业提供贷前贷后管理和服务的市场定位。继续开展融资培训和咨询活动，提高民营企业的融资能力。向符合条件的中小企业信用担保（再担保）机构提供财政支持和税收减免，鼓励其扩大小微企业的担保业务规模，降低小微企业的担保费用。积极发展再担保机构，探索中小企业信用担保体系建设模式。

推动广西民营企业提高规范经营水平。各种民营企业应量力而行，避免出现融资过多、短期借款长期使用等问题；民营企业应理性发展，尽量在本行业深耕，避免盲目投资和过度扩张；民营企业的经营者一定要重视信用，规范经营，积极积累个人和企业的信用信息，为融资创造条件。

进一步完善广西的金融生态环境。要积极倡导并推进企业诚信文化建设，改善广西的信用环境，加大对失信企业和个人的惩处力度，消除贷款案件判决难、执行难的痼疾。建立和完善民营企业信用数据库，鼓励金融机构探索建立多种民营企业信用评级体系，尽量提高金融机构与民营企业之间的信息对称程度，使金融机构给予民营企业尽量低成本的金融支持，促进民营企业创新发展。

五、降低民营企业的经营成本

进一步降低民营企业的制度性交易成本和税费成本，深入推进“放管服”改革，进一步优化审批流程，提高审批效率。全面规范涉企行政事业性收费、政府性基金和政府定价的涉企经营服务性收费，编制收费目录清单并向社会公布。认真落实结构性减税政策、小微企业和高新技术企业税收优惠政策。对于符合政策的民营企业，严格按照文件规定将减免税政策落实到位。同时，落实降低工伤和失业保险费率政策，完善工伤保险差别化费率政策，优化社保险种结构，推进生育保险和基本医疗保险合并。

落实国家和自治区出台的电价政策，降低民营企业用电成本。实行灵活的工业用地流转制度，完善征地模式，鼓励采用长租、先租后让、租让结合等方式，降低民营企业的土地使用成本。同时，引导金融机构完善信贷准入标准，合理控制贷款利率上浮空间，规范企业融资中介收费行为，降低民营企业融资成本。鼓励广西民营企业引进先进的管理模式，改变粗放式经营方式，加强精细化管理，优化生产流程，对过程控制进行强化，促使企业在能源、物流和原材料等方面减少消耗，从而降低财务、管理和市场等费用。

降低民营企业社保负担。要学习广东降低社保费用的做法，有效降低企业社保负担。对于广西的民营企业，建议五项社会保险费可在一定期限内缓缴，原则上不超过6个月，特别困难的不超过12个月。对依法参加失业保险并足额缴纳失业保险费，且上年度未裁员的工业企业，按其上年度实际缴纳失业保险费总额的一定比例给予稳岗补贴。

六、优化对民营企业的服务

1. 降低民营企业准入门槛

要降低民营企业市场准入门槛。按照国家、自治区的统一部署，进一步放宽社会资本市场准入限制，全面实施市场准入负面清单制度，推动“非禁即入”普遍落实。进一步厘理、精简涉及民间投资管理的行政审批事项，破除“卷帘门”“玻璃门”“旋转门”。要进一步学习发达地区发展非公经济的做法，例如，参照2019年广州出台的《关于促进民营经济发展的若干措施（修订版）》，降低非公经济投资门槛，拓宽民间投资领域，尤其是在开办医养结合机构等方面进一步降低社会力量的准入门槛。

各部门尤其是涉及审批的部门，应全面落实市场准入负面清单制度，进一步降低企业尤其是民营企业的市场准入门槛。一律取消没有法律法规依据、没有按法定程序设定的涉企证照事项。严禁擅自设定和变相增加企业登记前置审批事项，大力压减企业登记后置审批事项。

进一步降低准入门槛，实现电子申报全覆盖，鼓励民营企业诚信守法，快速获取各类企业资质。鼓励民营资本参与广西海绵城市、PPP项目、公共建筑等重点工程项目建设。全面清理对各行业各领域民营企业设置的不平等限制条件和要求。对民营企业与国有企业、外地企业与本地企业一视同仁，不得设置歧视民营企业的评价指标和信用壁垒。民营企业在注册地以外承揽业务时，各地不得擅自设置任何审批和备案事项，不得要求民营企业在本地区注册设立子公司或分公司。招标人不得排斥民营企业参与广西工程招投标活动和政府服务购买活动，不得限定投标人的所有制形式，不得对民营企业与国有企业采取差别化资格审查或评标标准等。

2. 提高为民营企业办事的效率

大力减少行政审批环节。凡是法律、法规、规章没有明确规定的审批环节和行政机关自行设置的审批环节，必须坚决取消。要减少行政审批部门内部科室审查、人员审批签字环节，减少不必要的行政审批流程，避免让企业和群众重复提交各种申请材料。

全面推动企业名称自主申报、企业登记全程电子化、市场主体住所（经营场所）“申报承诺＋清单管理制”登记等；全面推行实体大厅“一窗受理”和互联网“一站式服务”，积极推进自助服务、业务帮办、银行代办，方便企业和群众就近办、网上办、快捷办和跨区办；对高校毕业生、退伍军人、残疾人员从事无须取得许可的个体经营，允许开展为期6个月的试营业，试营业期间实行备案管理；全力推动电子营业执照跨区域、跨行业、跨领域应用，以及在网络经营活动中的使用，尽快实现整个广西范围的市场主体通过手机等智能移动终端“随时下载、实时验证、移动应用”电子营业执照。

加快开通网上无纸化审批服务。要加大电子政务应用力度，大力提高行政审批效率。例如，在税务方面，建议在广西税务系统门户网站上设立专门审批企业变更最大开票金额和超限量申购发票的窗口，企业只需要将税局规定的材料扫描上传即可，由税局自行实施审批，审批通过后企业再去现场办理相关业务。要大力推行无纸化办税，对增值税发票核定、增值税专用发票最高开票限额审批等业务，提供网上办理方式，让纳税人足不出户就能便捷地办理发票涉税事项。

3. 强化对民营企业的人才服务

要学习浙江、广东等地的做法，建立人才信息云平台，定期向民营企业发布关键人才引进目录、行业人才地图和人才招聘活动信息。鼓励民营企业对聘用的特殊、高层次人才以及人才队伍采取股权激励、期权激励等弹性且有利于人才和企业共同发展的薪酬激励制度。探索实施允许企业按照规定对高技能人才进行自主评价，使其在子女入学、人才住房等方面享受优惠政策。

4. 全面优化民营企业创新发展的环境

民营企业就像候鸟，发展环境好，它就会留下，环境不好，就会转到外地发展。因此，发展环境对民营企业创新发展至关重要。

要全面优化广西的法制环境。全面加强法制建设，千方百计为民营企业提供全方位的法律服务，让民营企业在广西创业创新发展感到安全放心。特别是要优化对民营企业的司法服务，推动其更多地运用法律武器保护自己。

建立和完善针对民营企业创新发展的专业化服务体系，在民营企业创新发展过程中提供技术成果经纪、成果评估转化、资源配置优化等专业化服务，促进企业主体以及相关要素市场的发展。

要全面优化广西的政策环境。不折不扣地落实好国家和自治区扶持非公有制经济发展的各项政策，积极争取国家对中小企业的各类扶持资金，同时制定出台更加优惠的扶持政策。

附录
广西民营企业创新发展的成功案例——博世科公司的创新发展分析

2015年2月17日，广西博世科环保科技股份有限公司（简称博世科公司）在深圳证券交易所创业板挂牌上市，开创了广西高新技术企业在创业板上市的先河。近年来，博世科公司快速发展，成为广西民营企业创新发展的典范。

一、博世科公司快速成长的概况

博世科公司成立于1999年，总部及注册地位于南宁市高新区，业务板块包括水污染治理、废气治理等，服务涵盖环保全产业链，包括设备的研发、制造、运营以及工程的咨询、设计、建设和投资运营（BOT、PPP）等，是广西第一批国家火炬计划重点高新技术企业。2010 年 6 月 10 日，博世科有限股东会决议同意将博世科有限整体变更为股份有限公司。2010 年 8 月 10 日，经南宁市工商行政管理局核准注册登记，公司领取了企业法人营业执照。2015 年 2 月，博世科公司上市。公司首次上市发行 1550 万股，每股 10 元，总计首次上市融资额为 1.55 亿元，发行费用高达 3050 万元，募集资金净额为 12450 万元。2015—2018 年，公司营业收入由 5.04 亿元增长到 27.24 亿元，年复合增长 75%；扣非净利润由 0.36 亿元增长到 2.36 亿元，年复合增长 87%。公司的高成长是充分利用资本市场直接融资的结果。2018 年底，公司总市值约为 36 亿元。

二、博世科公司快速成长的秘诀

环保产业是技术密集型的战略性新兴产业，研发投入及初期的设备投入较大，资金问题和技术问题常常成为掣肘环保产业技术转化和产能扩大的关键因素。综合来看，博世科公司的成功经验主要在于强力推动技术研发。

研发实力是一个企业在资本市场直接融资的底气。2015 年以来，博世科公司利用资本市场获得了大量资金，在资金的支持下，公司加快了技术研发，而技术研发又推动了公司的转型升级，使得公司在资本市场直接融资更有底气。2018 年底，博世科公司有员工 1035 人，其中技术人员有 448 人，占 43.29%，研究生学历（含）以上人员有 147 人，占 14.2%。

2008 年博世科公司获得创投资本等资本市场直接融资后，业务迅速拓展开来。2008 年以前，博世科公司仅在水污染治理领域耕耘；2008 年以后，博世科公司开始向业务的上下游拓展，先后设立了南宁市博世科环保设备制造有限公司、株洲南方环境治理有限公司，收购了湖南华亿市政工程设计有限公司等，逐步发展成为可提供水污染问题整体解决方案的国家火炬计划重点高新技术企业，成为集研发能力、设备设计制造能力和工程建设维护能力于一体的全产业链企业。2011 年、2012 年，博世科公司连续两年荣登福布斯中国最具潜力企业百强榜；2014 年，博世科公司获得中国水业难降解废水处理年度标杆企业、中国环境企业工业废水处理竞争力领先企业等多项荣誉称号；2015 年 2 月，博世科公司在创业板成功上市。

自 2015 年成功上市以来，博世科公司不断利用资本市场的资金加大科技投入，大力研发新型环保技术及设备。其中，造纸与发酵典型废水资源化和超低排放关键技术、纸浆漂白二氧化氯技术在工业领域屡获佳绩，跻身国际先进技术行列；ACM 生物反应器成为广西住建厅“十三五”乡镇污水处理推荐工艺，在广西、云南、湖南、湖北等地区成功应用；BTTU 回转窑式热脱附设备经过不断优化，在西南地区大型的土壤修复项目中绽放光彩；气浮工艺在广西南宁市凤凰江、细冲沟等黑臭水体治理项目中崭露头角，获得了国家科技进步二等奖、广西最高科学技术奖特等奖。

此外，博世科公司通过海外收购等方式积极引进先进的环保技术，如引进自加拿大的生物油泥治理技术受到广泛关注，带式炉式热处理设备进一步推动了我国油泥处理技术的发展，生物反应堆式填埋场为我国就地快速降解废弃物提供了新思路。2019 年，博世科公司的研发投入接近一个亿，研发占比为 3.3%，在环保股中名列前茅。

公司通过关键技术研发、重大技术示范、产业链延伸和创新能力建设，显著提升了在装备制造、项目运营和品牌建设方面的核心竞争力，并通过现金分红及转增股本的方式积极回馈广大投资者，助推公司发展成为环境综合治理服务提供商，从而奠定行业优势地位。公司业务板块也从刚上市时的工业废水处理、二氧化氯制备及清洁化生产为主，逐步向市政污水处理、土壤修复、固废处理、专业技术服务、运营管理等环保全产业链扩张，业务结构不断优化，内生发展动力强劲。

第二部分 民营企业融资能力研究

党的十九大报告提出，要“深化金融体制改革，增强金融服务实体经济的能力，提高直接融资比重”。近年来，广西民营经济快速发展，贡献了50%以上的税收，50%以上的GDP，70%以上的技术创新成果，80%以上的城镇劳动力就业，90%以上的企业数量。但广西民营经济发展仍然相对滞后，特别是上市民营企业数量较少，上市后备资源匮乏，民营企业资本市场直接融资能力较弱。增强广西民营企业资本市场直接融资能力对于民营经济加快发展、对于全区经济可持续发展具有十分重大的意义。

第六章
研究的概念、意义和调研说明

一、概念界定

直接融资是没有金融中介机构介入的资金融通方式。直接融资的工具主要有商业票据、直接借贷凭证、股票、债券。资本市场直接融资的工具主要包括股票和债券。

二、研究意义

增强广西民营企业在资本市场直接融资的能力具有十分

重大的意义，既可以丰富融资渠道，降低融资成本，也可以促进企业优化股权结构，完善企业治理方式，推动企业健康持续发展。资本市场直接融资是民营企业实现快速发展的重要手段，是民营企业建立现代企业制度的重要推动力，是广西民营经济再上新台阶的重要突破口。

增强广西民营企业在资本市场直接融资的能力有利于提高资金配置效率。对创业中的中小民营企业而言，直接融资具有独特的优势，特别是创新型直接融资方式，可以将技术、资金、管理三者相结合，促进企业管理层、风险投资者、投资者三个群体融为一体，并形成一套以绩效为标准的激励机制，实现信息共享和信息对称，促进企业道德风险和逆向选择的减少，促进资金配置效率的提高。

增强广西民营企业在资本市场直接融资的能力可以促进股权融资加快发展。当前，广西股权融资在社会融资结构中所占比重较低，不利于实体经济发展，使得实体经济融资成本较高，对供给侧结构性改革深入推进造成阻碍。从全国来看，2020年，交易所债券市场发行各类债券（含公司债券、资产支持证券、地方政府债券、政策性金融债券）6292只，融资8.48万亿元，占全国债券市场融资额的14.98%；扣除本金兑付后，净融资6.18万亿元，同比增长18.00%，占全国债券市场净融资额的34.21%。其中，非金融企业通过交易所债券市场融资4.29万亿元，占非金融企业债券融资的32.07%，占非金融企业债券净融资额的65.02%。从广西来看，直接融资比例更低。因此，增强广西民营企业在资本市场直接融资的能力尤其是IPO融资能力，对于广西降低宏观有息负债率，切实减轻企业财务负担，促进国民经济持续健康发展具有战略意义。

综上可知，对广西民营企业直接融资能力进行研究并提出增强直接融资能力的策略具有重要的现实意义。

三、调研说明

为全面分析广西民营企业直接融资能力方面的问题及广西所采取策略的不足，我们有针对性地进行了问卷调研(问卷详见附录1)。本次调研的对象是广西区内的民营企业，我们从企业库抽取70家企业。为了增强企业的代表性，我们选取了5年来持续经营且注册资本在1000万元以上的企业，共计51家，企业的行业性质包括第一、第二、第三产业。我们在2019年7月1日到8月12日集中调研企业，调研的方式包括现场拜访、电话调研、问卷填写等，主要调研对象是公司董事会秘书、公司副总经理及以上高层管理人员等。

第七章 广西民营企业在资本市场直接融资的基本情况

近年来，虽然广西民营企业在资本市场直接融资取得了较好的成效，但相对全区经济发展、相对全国民营企业，其资本市场直接融资在总额上、在质量上仍然有较大的差距。

一、直接融资概况

截至2017年，广西企业实现资本市场直接融资1935.29亿元（不含地方政府债），占社会融资总量的

32%。其中，上市公司增发10.97亿元，超短期融资券272亿元，短期融资券51亿元，中期票据151.5亿元，公司债券62.55亿元，企业债券18亿元，新三板挂牌公司融资4.28亿元，中小企业私募债52.7亿元，票据融资120.23亿元，基金1192.06亿元。

在股票市场融资方面，截至2018年底，广西有境内上市公司37家，总市值为2370.06亿元，全国排名第25位，占比为1.04%，其中民营上市公司17家，总市值为993.51亿元，不到广西上市公司总市值的一半；新三板挂牌企业76家，北部湾股交所挂牌企业2738家、托管企业258家（其中尚未挂牌企业144家），在新三板和股交所挂牌企业中，民营企业超过80%。

截至2018年底广西上市公司情况和广西民营上市公司情况分别如表7-1、表7-2所示。

表7-1 截至2018年底广西上市公司情况

序号	上市公司名称	公司性质	所属行业	注册地	总资产规模/亿元
1	广西柳工机械股份有限公司	地方国有企业	制造业	柳州	262.1197
2	北部湾港股份有限公司	地方国有企业	交通运输、仓储和邮政业	北海	171.1706
3	阳光新业地产股份有限公司	公众产业	房地产业	南宁	65.8327

续表

序号	上市公司名称	公司性质	所属行业	注册地	总资产规模/亿元
4	天夏智慧城市科技股份有限公司	民营企业	信息传输、软件和信息技术服务业	梧州	71.0542
5	恒逸石化股份有限公司	民营企业	制造业	北海	596.2468
6	南方黑芝麻集团股份有限公司	民营企业	制造业	玉林	53.9971
7	国海证券股份有限公司	公众企业	金融业	桂林	631.6713
8	北海银河生物产业投资股份有限公司	民营企业	制造业	北海	24.8208
9	广西粤桂广业控股股份有限公司	地方国有企业	制造业	贵港	39.9427
10	南宁糖业股份有限公司	地方国有企业	制造业	南宁	58.1622
11	广西河池化工股份有限公司	外资企业	制造业	河池	3.8700
12	桂林旅游股份有限公司	地方国有企业	水利、环境和公共设施管理业	桂林	29.2271
13	桂林莱茵生物科技股份有限公司	民营企业	制造业	桂林	21.2203
14	东方时代网络传媒股份有限公司	民营企业	信息传输、软件和信息技术服务业	桂林	16.9048

续表

序号	上市公司名称	公司性质	所属行业	注册地	总资产规模/亿元
15	桂林三金药业股份有限公司	民营企业	制造业	桂林	34.0613
16	皇氏集团股份有限公司	民营企业	制造业	南宁	47.7891
17	南宁八菱科技股份有限公司	民营企业	制造业	南宁	23.9707
18	百洋产业投资集团股份有限公司	民营企业	农、林、牧、渔业	南宁	37.1744
19	润建通信股份有限公司	民营企业	信息传输、软件和信息技术服务业	南宁	39.1367
20	广西博世科环保科技股份有限公司	民营企业	水利、环境和公共设施管理业	南宁	65.2551
21	广西桂冠电力股份有限公司	中央国有企业	电力、热力、燃气及水生产和供应业	南宁	459.5194
22	柳州两面针股份有限公司	地方国有企业	制造业	柳州	25.3150
23	广西梧州中恒集团股份有限公司	地方国有企业	制造业	梧州	72.3974
24	南宁化工股份有限公司	地方国有企业	制造业	南宁	3.9515
25	广西桂东电力股份有限公司	地方国有企业	电力、热力、燃气及水生产和供应业	贺州	144.0497
26	广西五洲交通股份有限公司	地方国有企业	交通运输、仓储和邮政业	南宁	106.0264

续表

序号	上市公司名称	公司性质	所属行业	注册地	总资产规模/亿元
27	柳州化工股份有限公司	地方国有企业	制造业	柳州	27.4253
28	北海国发海洋生物产业股份有限公司	民营企业	批发和零售业	北海	7.6338
29	广西慧金科技股份有限公司	民营企业	信息传输、软件和信息技术服务业	北海	1.0726
30	南宁百货大楼股份有限公司	地方国有企业	批发和零售业	南宁	20.4829
31	广西广播电视信息网络股份有限公司	地方国有企业	信息传输、软件和信息技术服务业	南宁	84.5539
32	柳州钢铁股份有限公司	地方国有企业	制造业	柳州	249.5084
33	广西绿城水务股份有限公司	地方国有企业	电力、热力、燃气及水生产和供应业	南宁	92.9872
34	桂林福达股份有限公司	民营企业	制造业	桂林	32.0486
35	广西柳州医药股份有限公司	民营企业	批发和零售业	柳州	97.7263
36	新智认知数字科技股份有限公司	民营企业	信息传输、软件和信息技术服务业	北海	69.2988
37	广西丰林木业集团股份有限公司	中外合资企业	农、林、牧、渔业	南宁	37.5192

表 7-2　截至 2018 年底广西民营上市公司情况

序号	上市公司名称	公司性质	所属行业	注册地	总资产规模 / 亿元
1	天夏智慧城市科技股份有限公司	民营企业	信息传输、软件和信息技术服务业	梧州	71.0542
2	恒逸石化股份有限公司	民营企业	制造业	北海	596.2468
3	南方黑芝麻集团股份有限公司	民营企业	制造业	玉林	53.9971
4	北海银河生物产业投资股份有限公司	民营企业	制造业	北海	24.8208
5	桂林莱茵生物科技股份有限公司	民营企业	制造业	桂林	21.2203
6	东方时代网络传媒股份有限公司	民营企业	信息传输、软件和信息技术服务业	桂林	16.9048
7	桂林三金药业股份有限公司	民营企业	制造业	桂林	34.0613
8	皇氏集团股份有限公司	民营企业	制造业	南宁	47.7891
9	南宁八菱科技股份有限公司	民营企业	制造业	南宁	23.9707
10	百洋产业投资集团股份有限公司	民营企业	农、林、牧、渔业	南宁	37.1744
11	润建通信股份有限公司	民营企业	信息传输、软件和信息技术服务业	南宁	39.1367
12	广西博世科环保科技股份有限公司	民营企业	水利、环境和公共设施管理业	南宁	65.2551

续表

序号	上市公司名称	公司性质	所属行业	注册地	总资产规模 / 亿元
13	北海国发海洋生物产业股份有限公司	民营企业	批发和零售业	北海	7.6338
14	广西慧金科技股份有限公司	民营企业	信息传输、软件和信息技术服务业	北海	1.0726
15	桂林福达股份有限公司	民营企业	制造业	桂林	32.0486
16	广西柳州医药股份有限公司	民营企业	批发和零售业	柳州	97.7263
17	新智认知数字科技股份有限公司	民营企业	信息传输、软件和信息技术服务业	北海	69.2988

截至 2018 年底广西民营上市公司的地域分布和行业分布分别如图 7-1、图 7-2 所示。

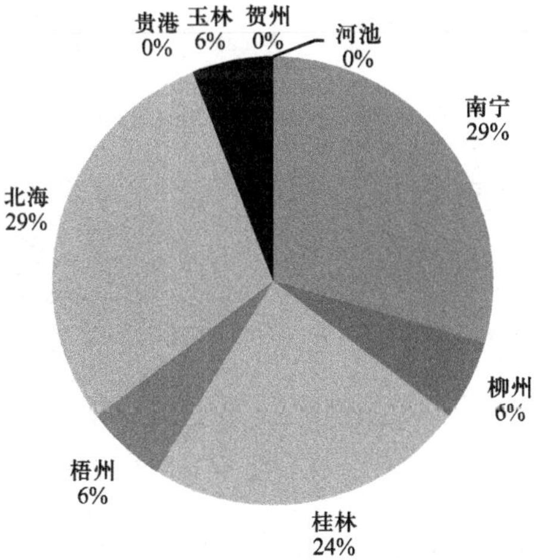

图 7-1　截至 2018 年底广西民营上市公司的地域分布

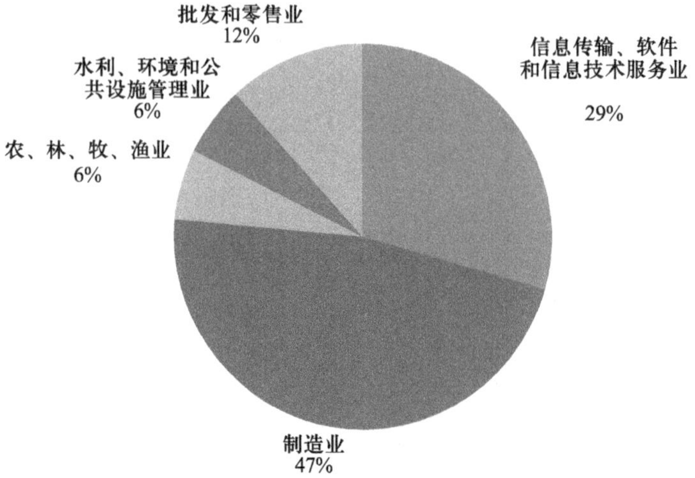

图 7-2　截至 2018 年底广西民营上市公司的行业分布

在产权交易方面，广西产权交易市场起步较早，自治区本级和各市都组建了不同行业和领域的交易机构，但产权交易市场资源分散、重复建设、交易效率不高等瓶颈问题尚未得到很好的解决。2016 年，以广西北部湾产权交易所股份有限公司为基础增资扩股组建北部湾产权交易所集团股份有限公司，标志着广西构筑全区统一产权交易市场体系、统筹建设面向东盟的要素市场的工作全面启动，有助于广西构建统一的产权交易市场，实现广西产权交易市场规模的扩大和服务效率的提高。目前，广西致力于打造大型综合交易集成运营平台，全面推进广西国资交易、林权交易、知识产权交易、农村产权交易、金融资产交易、文化产权交易、环境资源交易等市场统筹建设发展。

在债券市场融资方面，2017 年广西企业累计发行债券

687亿元，降幅达36.05%。其中，民营企业融资约210亿元，同比大幅下降41.44%。可以说，民营企业的债券融资能力相对较差。

二、比较分析

1. 与全国股票市场融资的比较

近年来，我国民营企业保持了较快的上市步伐，每年新增的上市公司中民营企业占比都在80%以上，民营企业占A股上市公司数量的比重也进一步提升，民营企业已成为A股市场的主要力量。截至2018年底，全国有3567家A股上市公司，合计市值为43.37万亿元，2018年我国GDP为90.03万亿元，上市公司市值占GDP的比例达到48%。以上市公司的最终控制人为个人这一标准界定民营企业，到2018年底，在3567家A股上市公司之中，共有2278家为民营企业，占比约64%，民营上市公司市值占比约36%。

从广西的情况来看，截至2018年底，广西共有境内外上市公司44家（其中A股上市公司37家、境外上市公司7家），IPO排队待审企业1家，IPO备案辅导企业5家。与近年来其他省份企业抢滩布局、快马加鞭的节奏相比，广西企业在资本市场的表现不尽如人意，主要体现为数量少、融资小、后备弱、基础薄、意识淡，暴露出了广西企业上市过程中的痛点。尤其是随着国家IPO审核尺度的不断收紧，2017年出现IPO真空，广西没有一家企业成功上市（柳州欧维姆IPO被否、南糖融资被否、北部湾港再融资被否、南化股份重组失败等）。总的来看，广西企业的资本市场融资水平相对较弱。

2. 与广西民营经济的地位和实力比较

近几年来，广西民营经济在GDP中的比重不断提高，已名副其实地撑起了广西经济的“半壁河山”，成为推动广西经济增长的重要力量。但广西民营企业在资本市场上所占的比例及其直接融资能力与广西民营企业的实力、贡献都明显不相称。2018年底，广西GDP为2.04万亿元，在深沪上市的公司总市值仅仅为2370.06亿元，广西上市公司总市值占广西GDP的比值仅为11.62%，其中民营上市公司的资产总值为1239.41亿元，市值仅仅为993.51亿元，占广西GDP的比值仅为4.87%，这与民营经济在广西经济中的地位极不相称。

2018年广西上市公司市值排行榜如表7-3所示。

表 7-3 2018 年广西上市公司市值排行榜

排名	证券简称	证券代码	总市值 / 亿元	公司性质	所在地市
1	桂冠电力	600236.SH	340.76	央企	南宁
2	恒逸石化	000703.SZ	302.74	民营	北海
3	国海证券	000750.SZ	183.80	公众企业	桂林
4	柳钢股份	601003.SH	168.38	地方国有	柳州
5	北部湾港	000582.SZ	115.08	地方国有	北海
6	中恒集团	600252.SH	89.31	地方国有	柳州
7	柳工	000528.SZ	88.79	地方国有	柳州
8	桂林三金	002275.SZ	75.55	民营	桂林
9	润建通信	002929.SZ	72.10	民营	南宁
10	柳药股份	603368.SH	67.88	民营	柳州
11	天夏智慧	000662.SZ	67.55	民营	梧州
12	八菱科技	002592.SZ	66.30	民营	南宁
13	广西广电	600936.SH	62.50	地方国有	南宁
14	新智认知	603869.SH	52.46	民营	北海
15	银河生物	000806.SZ	42.68	民营	北海
16	绿城水务	601368.SH	42.60	地方国有	南宁
17	阳光股份	000608.SZ	36.75	公众产业	南宁
18	百洋股份	002696.SZ	35.42	民营	南宁
19	博世科	300422.SZ	35.26	民营	南宁
20	五洲交通	600368.SH	34.56	地方国有	南宁
21	丰林集团	601996.SH	32.53	中外合资	南宁
22	福达股份	603166.SH	30.60	民营	桂林
23	*ST 柳化	600423.SH	30.51	地方国有	柳州
24	粤桂股份	000833.SZ	30.48	地方国有	贵港
25	桂东电力	600310.SH	29.80	地方国有	贺州
26	皇氏集团	002329.SZ	27.22	民营	南宁
27	莱茵生物	002166.SZ	26.85	民营	桂林
28	东方网络	002175.SZ	25.55	民营	桂林
29	ST 慧球	600556.SH	24.56	民营	北海

续表

排名	证券简称	证券代码	总市值 / 亿元	公司性质	所在地市
30	黑芝麻	000716.SZ	20.82	民营	玉林
31	国发股份	600538.SH	19.97	民营	北海
32	南宁百货	600712.SH	19.93	地方国有	南宁
33	两面针	600249.SH	19.91	地方国有	柳州
34	桂林旅游	000978.SZ	18.83	地方国有	桂林
35	南宁糖业	000911.SZ	17.73	地方国有	南宁
36	ST 南化	600301.SH	14.30	地方国有	南宁
37	ST 河化	000953.SZ	11.44	地方国有	河池

3. 与其他省份民营企业直接融资情况的比较

一是从民营上市公司的数量和规模来看，广西与沿海地区相比差距甚远。沿海发达省份民营上市公司的数量是广西的几倍或数十倍之多，证券交易额也是广西的几倍或数十倍。无论是从民营上市公司的数量看还是从规模看，广西的排名都较为靠后。

二是从民营企业直接融资总额来看，广西落后于东部、中部、西部的典型省份。近年来广西民营企业上市的很少，广西民营上市公司的数量和占比均相对较少，广西民营企业在债券融资、股权融资等方面相比东、中、西部典型省份的民营企业有较大差距。

三是从民营企业直接融资能力来看，广西还有较大差距。广西民营企业的管理模式较为落后，家族式管理较多，现代企业管理制度尚未普遍建立。广西民营企业再融资的能力也较差，近年来从资本市场直接融资的数额远低于国有上市公司的融资数额。

三、广西民营企业在资本市场直接融资的趋势分析

主要体现为以下四个趋势：

一是广西民营企业在资本市场直接融资的步伐有望加快。近年来，广西出台了一系列政策促进民营企业在资本市场直接融资。例如，广西支持企业在沪深交易所、新三板以及经认可的境外证券交易所上市或挂牌，落实资金前置扶持方式，降低企业改制、上市成本，对企业在改制、申报或间接上市等阶段实施扶持。从国家层面来看，我国在2019年新增了科创板，对企业盈利等方面的要求降低，有助于推动更多的民营企业加快上市步伐。同时，随着广西民营企业家素质的不断提升，更多的广西民营企业日益认识到在资本市场直接融资的重要性。因此，广西民营企业在资本市场直接融资的步伐有望加快。

二是境内上市成为广西民营企业上市的首选。由于境外资本市场对企业的财务等要求很高，广西民营企业上市首选境内A股市场，其次是香港H股或者美国纳斯达克市场。目前，境内A股市场上市为核准制，香港H股、纳斯达克上市为注册制。核准制一般注重上市前的审核，注册

制更加注重上市后的监管。虽然核准制对广西民营企业提出了更高的要求，但综合成本等因素来看，境内上市仍将是广西民营企业的首选。

国内企业上市的条件如表 7-4 所示。

表 7-4　国内企业上市的条件

市场	创业板	主板、中小板
经营时间	持续经营三年以上	持续经营三年以上
财务要求	最近两年连续盈利，最近两年净利润积累超过 1000 万元，且持续增长	最近三个会计年度净利润均为正数且累计超过 3000 万元
	或者最近一年盈利，且净利润不少于 500 万元，最近一年营业收入不少于 5000 万元，最近两年营业收入增长率均不低于 30%	最近三个会计年度经营活动产生的先进流量净额累计超过 5000 万元，或者最近三个会计年度营业收入累计超过 3 亿元
	最近一期末不存在未弥补亏损	最近一期末不存在未弥补亏损
	最近一期末净资产不少于 2000 万元	最近一期末无形资产占净资产的比例不高于 20%
股本要求	发行后的股本总额不少于 3000 万元	发行前的股本总额不少于 3000 万元
		发行后的股本总额不少于 5000 万元
业务经营	应当主要经营一种业务	具有完整的业务体系和直接面向市场独立经营的能力
公司管理	最近两年主营业务、董事和高级管理人员没有重大变动，实际控制人没有变更	最近三年主营业务、董事和高级管理人员没有重大变动，实际控制人没有变更
	具有完善的公司治理结构，依法建立健全股东大会、董事会、监事会以及独立董事、董事会秘书、审计委员制度，相关机构和人员能够依法履行职责	董事会下设战略、设计、薪酬委员会，各委员会至少指定一名独立董事会成员担任委员
		至少三分之一的董事会成员为独立董事

境内上市和香港主板上市的成本对比如表 7–5 所示。

表 7-5　境内上市和香港主板上市的成本对比

	境内 A 股	香港主板
上市初费	3 万元	15 万 ~65 万港币
承销费（筹资额比例）	1.5%~3%	2.55%~4%
保荐费	200 万元	200 万 ~400 万港币
法律顾问费	100 万 ~150 万元	100 万 ~250 万港币
会计师费	100 万元	100 万 ~250 万港币
总成本（筹资额比例）	4%~8%	10%

境内 A 股上市、香港 H 股上市和纳斯达克上市的优劣势对比如表 7–6 所示。

表 7-6　境内 A 股上市、香港 H 股上市和纳斯达克上市的优劣势对比

	境内 A 股上市	香港 H 股 / 纳斯达克上市
优势	本土市场	国际化市场
	上市快捷（6~9 个月）	上市快捷（6~8 个月）
	发行、维护费用低	审批较宽松
	市盈率高（可达 40~60 倍 P/E）	
劣势	管理规定多变、审批标准严格	成熟行业发行市盈率低（一般为 10~15 倍 P/E）
	发起人股份变现时间较长	需要同时遵守境内及上市地两套法律制度和两套会计准则，管理成本较高
		发行、维护费用相对较高，对公司规范治理、信息披露的要求高

三是赴境外上市树立公司国际品牌。虽然境外上市成本较高，但境外上市有助于公司在国际市场树立自身的品

牌。尤其是广西民营企业已开始逐步布局东盟等国际市场，借上市的机会，盘活手头的媒体资源，可以将业务拓展至内地以外的市场。境外上市有利于广西民营企业融通资金，健全公司体制，规范管理，扩大国际影响。随着广西民营企业加大融入“一带一路”建设的力度，尤其是加大对东盟市场的开拓，预计将有更多的民营企业赴境外上市。

四是进一步利用私募股权基金以及区域股权市场直接融资。2019 年初中共中央办公厅、国务院办公厅印发的《关于加强金融服务民营企业的若干意见》指出，中央支持民营企业利用私募股权基金以及区域股权市场直接融资。近年来，私募股权基金发展迅速，成为支持创新创业的重要融资渠道。中国证券投资基金业协会数据显示，截至 2018 年 12 月底，私募股权投资基金有 27176 只，基金规模为 7.71 万亿元；创业投资基金有 6508 只，基金规模为 0.89 万亿元。在民营企业融资方面，私募股权基金可以发挥独特的优势：一是可以方便容易地满足企业发展的资金需求，促进企业的产品快速推广，获得市场先机；二是通常对企业投入的资金占相应的股权，这就不会增加企业的负债，使得资产负债率较低，降低企业偿债和经营的压力，有利于企业长期稳定发展；三是积极参与所参投企业的经营管理，并对企业发展提供相应的管理服务。近年来，区域股权市场规范发展，同样成为支持中小微企业的重要平台。

数据显示，截至2018年6月底，全国共设立37家区域股权市场，基本呈现“一省一市场”的格局，挂牌中小微企业超过2万家。在多层次资本市场体系中，区域股权市场起到了“塔基”的作用；在所服务的区域中，对于非上市中小企业而言，区域股权市场是金融基础设施，发挥着平台作用；对于全国金融市场基础生态环境而言，区域股权市场发挥着激活突破口的作用。因此，广西民营企业利用私募股权基金和区域股权市场直接融资的潜力巨大，也是未来的趋势。

第八章
制约广西民营企业在资本市场直接融资的主要问题及其成因

一、制约广西民营企业在资本市场直接融资的主要问题

结合调研结果及对广西民营企业的分析，我们认为，当前制约广西民营企业在资本市场直接融资的主要问题有以下四个。

1. 缺乏经验

在上市方面，广西大多数民营企业有上市的积极性，也

按照上市相关规定做了一些前期准备工作，但多数民营企业缺少专业人才，决策层的上市知识匮乏，对相关的信息了解不透，因而在前期准备、方案制定等方面缺乏经验，容易受制于人，出现偏差，导致资金损失和精力耗费，错失了上市的最佳时机。广西很多民营企业在直接融资方面首先是面临合规的考验。目前，广西绝大多数民营企业不符合到资本市场直接融资的条件，公司产权制度不规范、财务不透明、资金管理和运用水平不高、对转变经营方式不适应等问题普遍存在。其次是面临成本的考量。多家民营企业的财务经理反映，目前企业直接融资的资金成本和时间成本太高，还不如从银行贷款省时省力。调研发现，对于中小规模的民营企业来说更是如此。例如，某家规模中等的民营企业曾有上市计划，但运作五年也未成功。由于企业经营业绩较好，从银行贷款一直较为顺利，公司管理层认为，上市需要支付额外的成本，于是中止了上市计划。类似的企业不在少数。一直以来，由于我国银行信用较高，企业融资以间接融资为主，因此在融资渠道上形成了一种路径依赖。除了银行，很多民营企业没考虑过其他的融资渠道。有的企业缺乏现代融资意识，对于有效利用资本市场拓展企业融资渠道认识不足。另外，缺乏专业人才，导致前期准备不足。

我们对广西 51 家民营企业的问卷调研表明，接受调研的民营企业的资金来源主要是自有资金和银行贷款，排在第三的是民间借贷。另外，接受调研的民营企业选择上市融资（在能上市的情况下）的主要目的是为新项目融资和扩大企业规模。这表明，广西大多数民营企业在资本市场的直接融资活动较少，大多数民营企业在资本市场直接融资缺乏经验。

2. 改制困难

我们对广西51家民营企业的问卷调研表明，民营企业在上市过程中面临的最大困难在于企业运作不规范导致改制难度较大。近年来，广西一些上市项目推进不力、半途而废，像华锡集团IPO、方元电力IPO、南城百货IPO、柳钢股份再融资、桂林银行IPO等，还没上会审核就主动打了“退堂鼓”；即使是已经上市的公司，其过程也非常波折，往往经历两次审核才上市成功，如绿城水务、皇氏乳业、丰林集团等，有的甚至“三进宫”，如八菱科技、北海国发等。有企业形容，上市就像“打怪升级”，天使轮、A轮、B轮、C轮、D轮以及财务、税务、法律、保荐等，任何一个关卡都有可能冲不过去。其中，共性的障碍在于广西大部分民营企业普遍存在财务不规范、社保不齐全、不规则竞争、治理结构不完善、土地税务纠纷等问题。有企业透露：“当时注册资本都是口头协议，也没有在规范的财务制度下分红，如果上市这些都将曝光，有一定的法律风险。”同时财务成本问题是困扰所有计划上市的企业的另一个共性痛点。公司财务规范化需要补缴3000万到5000万元税金，加上财务规范化后，纳税额度相应增加，因此企业的资金压力较大。这亟须各级政府部门在解决企业发展历史遗留问题的基础上进一步出台务实举措。

3. 环境不优

近年来，虽然广西金融主管部门出台了支持民营企业在资本市场直接融资的政策，但部分政府部门对资本市场知识的匮乏、对政策理解的偏差和执行上的僵化，导致现有的政策落实困难。主要表现为一些关键环节尚未突破，推进力度不够大，措施手段不够多，引导、支持、扶持企业股改上市的环境氛围还有待加强。

4. 认识不够

广西很多民营企业对资本市场直接融资的重要性、程序不了解，对资本市场、企业改制上市和债券融资还存在认识偏差，抱有“保守求稳、小富即安”的思想，缺乏做大做强的动力。另外，广西民营上市公司少、规模不大，示范效应、带动作用未能充分发挥。多数民营企业对银行贷款等传统融资形式有严重的依赖，没有认识到资本市场的作用和功能，不愿意上市；没有招聘、培养熟悉资本市场运作规则的人才或者外聘相应的服务机构，没法上市；部分企业保守发展，对上市没有信心，认为“成本大”和“时间长”，不希望上市。

广西很多民营企业对上市心存顾虑。例如，由于如改制成本偏高，特别是缴纳的个人所得税、契税和营业税偏重，导致企业主得不偿失的心态严重。又如，由于改制程序复杂，审批手续烦琐，标准严格，耗时长（少则 1 年，多则 3~5 年），导致企业畏难情绪严重。

我们对广西 51 家民营企业的问卷调研表明，大多数民营企业均有债券融资、融资租赁等方面的融资需求。这表明，广西民营企业除了股票市场直接融资外，还有很大的直接融资需求。虽然大多数民营企业有需求，但目前对资本市场直接融资的认识还不够。

二、制约广西民营企业在资本市场直接融资的问题的成因

制约广西民营企业在资本市场直接融资的上述四个问题，其成因在于民营企业自身、全国资本市场和自治区资本市场。

从广西民营企业的产业基础来看，其产业基础薄弱，规模企业少，这是影响广西民营企业直接融资能力的最主要

因素。当前广西制糖、有色、冶金、电力、食品、医药、旅游等行业的发展存在产业集中度不高、创新力不强、企业总体规模较小、实力较弱、成长性不足、业绩波动大等问题，难以形成闯关 IPO 的竞争优势。

从全国资本市场来看，民营企业直接融资受限较多。资本市场在我国还处于发展初期，还没有完善，对于股票发行上市企业设置了诸多严格的条件和要求，能够上市的企业都会具有一定的规模，使得许多民营企业无法通过上市进行融资，错失了一些发展机会。民营企业通常只有银行贷款这一单一的金融服务渠道，且授信条件严格，贷款额度不高，其他间接服务极少。这导致民营企业不管是直接融资还是间接融资，都受到较大的限制。我国《贷款通则》第 61 条规定："企业之间不得违反国家规定办理借贷或者变相借贷融资业务"，同时民营企业向个人借贷有非法集资、非法吸收公众存款的嫌疑。股票融资和债券融资是直接融资最重要的形式，直接融资与间接融资均衡发展是全球多数国家市场经济发展的常态和追求状态，特别是在多数市场经济比较成熟的国家，企业的直接融资和间接融资比例相对持平，但由于我国资本市场发展起步晚，企业直接融资比例较低，甚至低于许多发展中国家的水平。

从全国民营企业直接融资成本来看，民营企业具有较高的直接融资成本。目前我国中小企业板、创业板、科创板等是主要服务于民营企业的资本证券市场，其具有较为复杂的申请流程、较高的申请条件、较高的直接融资的制度成本。此外，在同等条件下，民营企业比国有企业具有更高的发行信用债成本。资本市场在我国还处于发展初期，企业上市融资有十分严格的限制条件，只有达到一定规模的企业才有可能进入股市，一般民营企业无法利用股票市场筹措资金。虽然目前已有创业板和科创板，但仍难以让大多数中小民营企业顺利上市。这是因为许多中小民营企业是劳动密集型企业，并不符合当前我国创业板和科创板等证券市场的高成长性要求。此外，证监会对拟进入创业板上市的企业要求由具有保荐人资格的券商推荐，并承担上市两年以内的连带责任，还要求承担高昂的上市评估费等，使得企业上市的直接融资成本比银行借贷的综合成本还高，也比主板市场的融资成本高。

从全国国有企业和民营企业直接融资成本对比来看，国有企业由于可以实现融资成本外部化，相比之下，具有更为便利的直接融资条件。对于国有企业来说，出于政府监管和企业治理等要求，即使国有企业上市，政府仍会对国有企业保持控股权，因而在股价下跌较大的情况下，国有企业也不会面临恶意收购的威胁。我国政府对国有企业提供了制度性隐性担保，当国有上市公司面临经营困难等情形，导致无法融资时，政府可通过资产重组等方式进行处理，这意味着政府承担了国有企业上市的成本，对于国有企业而言，相当于上市成本外部化，使得国有企业的上市融资成本大幅度减少。由于民营企业不存在国有企业的以上优势，其上市融资成本必须完全由自己内部消化。因此，民营企业在直接融资方面面临着体制性的障碍。

从自治区资本市场来看，广西产权交易市场发展滞后。目前，广西产权交易市场虽然已经形成了“自治区产权交易市场和地方产权交易市场”的双层架构，但由于广西产权交易市场存在交易规则不够完善、交易量较少、监管有待到位、市场分割、法规不健全等问题，使得其在社会资源配置方面没有充分发挥应有的功能，不能满足社会经济发展的要求。产权交易市场作为公共服务平台，通过对特定区域内的社会经济发展要素进行配置，促进服务区域内的企业高质量快速发展。产权交易市场应该在资源、信息、网络、服务等方面高效完整，引导和鼓励民营企业和资本相互吸引、联合发展，并以股权投资、并购重组、股权交易等方式引导资金流向实体经济需要的企业，促进企业创新升级、转型发展。然而，由于广西产权交易市场发展的滞后，进一步影响了广西民营企业的直接融资。此外，银行等传统金融机构由于监管要求和风险偏好等原因，对民营企业特别是科技型企业提供的贷款极少，远远不能满足企业的发展需求，这使得这类企业很难将技术成果转化为实际生产力。基于国际市场的发展经验，创投公司由于具有高投入、高风险、高回报的风险偏好，通常愿意以股权投资等形式对这类企业和项目进行投资，甚至辅助其发展壮大。然而广西的风险投资市场刚刚起步，能得到风险投资的民营企业少之又少。

从自治区直接融资和间接融资的比重来看，直接融资比重过低，而间接融资比重过高，这也带来很多问题，尤其是增加了银行的风险。近几年来，全国股票市场持续低迷，企业债券市场严重萎缩，导致广西民营企业直接融资比例大幅下降，民营企业不得不高度依赖银行贷款，从而导致资本市场格局进一步扭曲，使民营企业自身的利息负担加重，资产负债率居高不下，影响其直接融资能力。

第九章
当前广西推动民营企业在资本市场直接融资的策略及其不足

一、当前广西推动民营企业在资本市场直接融资的策略

近年来，广西多方施策，加大力度推动民营企业在资本市场直接融资。总的来看，主要采取了以下策略。

一是加大政策扶持。广西在民营企业资本市场直接融资方面不断加大政策扶持力度，力求形成支持广西资本市场发展的政策支撑体系。2019 年，中共中央办公厅、国务院办公厅印发了《关于加强金融服务民营企业的若干意见》，

要求各地区各部门及各金融机构认真落实，出台措施，积极支持民营企业融资。这份高规格、大力度的文件的重点之一是加大对民营企业直接融资的支持力度，具体内容为："积极支持符合条件的民营企业扩大直接融资。完善股票发行和再融资制度，加快民营企业首发上市和再融资审核进度。深化上市公司并购重组体制机制改革。结合民营企业合理诉求，研究扩大定向可转债适用范围和发行规模。扩大创新创业债试点，支持非上市、非挂牌民营企业发行私募可转债。抓紧推进在上海证券交易所设立科创板并试点注册制。稳步推进新三板发行与交易制度改革，促进新三板成为创新型民营中小微企业融资的重要平台。支持民营企业债券发行，鼓励金融机构加大民营企业债券投资力度。"广西贯彻落实中央文件要求，出台了一系列具体政策，促进民营企业在资本市场直接融资。

二是加大资金扶持。2017年到2018年，广西对开展直接融资的企业共发放扶持资金约2700万元，对挂牌企业及股权托管机构共发放奖励资金约1200万元，有效缓解了企业融资的成本压力，激发了企业对接和利用资本市场的积极性。

三是优化资本市场。广西不断完善资本市场信息披露制度，优化私募基金政策环境，加大奖补政策落实力度，推动资本市场的制度基础更加夯实，充分保障市场的健康发展。广西培育资本市场的相关奖补政策、针对上市企业的相关奖补政策分别如表 9–1、表 9–2 所示。

表 9–1 广西培育资本市场的相关奖补政策

奖补对象和条件	奖补标准
在境内外上市	分阶段奖励企业 100 万 ~300 万元
区外上市（含并购重组）企业注册地迁至广西	一次性奖励企业 300 万元
上市企业再融资	按融资额的 0.5% 给予企业奖励，单户最高不超过 100 万元
企业到新三板和广西北部湾股权交易所挂牌	一次性奖励企业 1 万 ~100 万元；一次性奖励企业所在市政府 10 万 ~50 万元
运用新型融资工具和资产证券化产品进行融资	奖励企业发行金额的 1.5%，单户最高不超过 100 万元；奖励提供主承销服务的金融机构年度累计发行额的 0.01%，最高不超 100 万元
广西总部级证券机构	奖励机构 200 万 ~500 万元
提供上市服务的中介机构	奖励中介机构 10 万元
在广西设立股权投资类企业	一次性奖励企业 10 万元
符合条件的广西总部级基金管理公司	一次性补助基金公司 500 万元

表 9–2 广西针对上市企业的相关奖补政策

奖补对象和条件	奖补标准
在境内外上市	分阶段奖励企业 100 万 ~300 万元
区外上市（含并购重组）企业注册地迁至广西	一次性奖励企业 300 万元
上市企业再融资	按融资额的 0.5% 给予企业奖励，单户最高不超过 100 万元
企业到新三板和广西北部湾股权交易所挂牌	一次性奖励企业 1 万 ~100 万元；一次性奖励企业所在市政府 10 万 ~50 万元

续表

奖补对象和条件	奖补标准
运用新型融资工具和资产证券化产品进行融资	奖励企业发行金额的 1.5%，单户最高不超过 100 万元；奖励提供主承销服务的金融机构年度累计发行额的 0.01%，最高不超过 100 万元
获得专利	发明专利奖励 3000 元 / 项，设计专利奖励 1800 元 / 项
认定为科技创新企业	补助 50 万元
开展工程机械产品结构设计关键技术研究及应用	按投入支出的相应比例进行补贴
入选“十百千”人才工程	按投入支出的相应比例进行补贴
申报科技专项基金	根据专家评估意见确定
南宁市企业上市、新三板挂牌和再融资	1. 企业上市最高可获得 500 万元奖励； 2. 新三板挂牌成功最高可获得 100 万元奖励； 3. 上市企业、新三板挂牌企业通过增发、配股等方式再融资，根据融资金额最高可获得 100 万元奖励
柳州市企业上市、新三板挂牌和再融资	1. 拟在境内 A 股市场上市或拟赴境外主板市场上市的企业，根据融资金额最高可获得 100 万元奖励； 2. 企业上市成功以后，以配股、增发、发行公司债券等方式实现再融资，按照融资金额给予 10 万 ~100 万元奖励； 3. 对成功开展资产证券化和债券业务的企业，按实际发生额的 1.5% 给予一次性奖励，最高不超过 100 万元； 4. 每年对推进企业成功上市（挂牌）的县区政府给予一次性奖励，总金额不超过 20 万元
北海市企业在新三板和区域性股交所挂牌	1. 对挂牌新三板企业奖励 80 万元； 2. 对重点区域性股权交易市场挂牌企业奖励 5 万 ~10 万元
百色市企业在新三板成功挂牌	分阶段给予 100 万元奖励

续表

奖补对象和条件	奖补标准
河池市企业上市	1. 拟上市企业在境外证券市场成功上市，实现首次公开发行股票，且两年内完成募集资金 80% 以上在河池市内投资的，给予一次性工作补助经费 200 万元，40%~79% 的给予 100 万元，40%（不含）以下的给予 50 万元； 2. 拟上市企业在境内外证券市场实现首次公开发行股票，且募集资金 80% 以上在河池市内投资，按其募集资金投放额的 2% 予以奖励，奖励最高限额为 100 万元
贺州市企业上市	开辟“绿色通道”，简化办事程序，采取“一企一策”“一事一议”方式，明确兑现程序

二、广西当前策略的不足

虽然广西采取了很多策略推动民营企业在资本市场直接融资，但当前的策略存在较大的不足，主要体现在以下方面。

1. 政策组合运用不够

目前广西的支持政策具有单一性，通常是对成功上市、挂牌、再融资等的民营企业给予一次性奖励，没有对税收、产业、人才、财政和土地等各种政策进行组合运用，未形成政策合力。

我们对广西 51 家民营企业的问卷调研表明，股改前规范阶段是最需要政府给予奖励资金的。但是，当前民营企业上市直接融资的奖励大多数是在上市成功之后。这表明，当前推动广西民营企业在资本市场直接融资的过程中，政府部门的扶持手段和方式应进一步创新。另外，接受调研的民营企业认为，在改制上市过程中特别需要政府帮助企业对接银行并协助给予融资担保。这表明，广西大多数民营企业在融资过程中仍然面临担保问题和与银行对接沟通不畅的问题，有关部门不应仅仅给予上市公司一次性的直接奖励，还应在融资担保、对接服务等方面给予企业帮助。

2. 直接融资政策仍不系统

广西对民营企业债券融资等的支持政策较少，在基金注册鼓励、税收优惠等方面的力度不大，仅 2015 年在《关于加大财政扶持力度推动股权投资基金行业加快发展的通知》中提出对新设亿元级基金管理公司总部进行财政补助。

3. 政策的创新力度不够

目前，广西出台了很多支持民营企业在资本市场直接融资的政策，但是政策的创新力度还远远不够。例如，广西钦州中马产业园对基金落户有一些税收优惠政策，但与其他地区的政策（新租赁办公楼给予补贴、对早期投资机构提供风险补偿、给予落户补贴等）相比，差距很大。我们对广西 51 家民营企业的问卷调研表明，民营企业在直接融资过程中需要政府提供“一站式”政务服务，为后备上市企业提供“绿色通道”。这表明，在民营企业直接融资过程中，政府的服务力度有待加强，政策扶持力度有待加大。接受调研的民营企业还表示，希望政府提供政策、法律等咨询服务，帮助企业与监管部门对接，并提供贷款担保服务。这表明，在民营企业直接融资过程中，政府在咨询服务、对接监管部门和融资担保方面仍然做得不够。另外，广西大多数民营企业目前并没有境外上市的打算，在有境外上市打算的民营企业中，大多数民营企业认为最需要政府帮助对接境外上市团队。这表明，在民营企业境外上市的过程中，政府和中介机构的服务力度仍有待加大。

4. 政策的宣传力度不够

目前，广西出台了一系列支持民营企业直接融资的政策，尤其是在鼓励民营企业上市融资方面，政策的优惠力度很大。但是很多民营企业对直接融资政策的熟悉程度不够。我们对广西 51 家民营企业的问卷调研表明，大多数民营企业对资本市场 IPO 的相关要求还是了解的，但对于广西的上市支持奖励政策大多数为一般了解，对于广西的区域性股权交易优惠政策、资本市场债券融资相关政策等大多不是很了解。另外，大多数民营企业都是通过网站和第三方机构及协会宣讲来了解相关政策。这表明，广西政府部门仍有必要加大对直接融资相关政策的宣传。

第十章 国内典型地区增强民营企业资本市场直接融资能力的经验

截至2018年12月31日，在沪深两大交易所共有上市公司3567家。其中，浙江省的数量排在第2位，达到423家。在这些上市公司中，民营企业较多，且民营企业的直接融资能力很强。安徽省有103家，排在第13位。从境内上市公司数量看，安徽省在中部地区与湖南省并列第1位。安徽省全部境内A股上市公司市值达到11839.86亿元，在全国上市公司市值总量中占1.88%。安徽省的这一指标不仅在全国范围内排在第9位，而且在中部地区中排在第1位。西部十二省份的上市公司一共达到了470家，其中四川省最多，深沪上市公司总计120家。在2018年全国民营经济500强企业中，四川省有8家企业进入，整个西部省份只有29家，四川省占比接近三分之一。因此，我们选择东部地区的浙江省、中部地区的安徽省、西部地区的四川省作为典型地区，分析其推动民营企业在资本市场直接融资的做法和经验。

一、浙江省的经验

民营企业的迅速发展是浙江省的一张靓丽“名片”。为了促进民营企业在资本市场直接融资，浙江省政府推出了一系列举措。

1. 实施信贷“增氧”计划，提升民营企业造血能力

民营企业在资本市场直接融资一直是一大难点，为此浙江省提出了相应的策略。针对大型民营企业，浙江省解决直接融资困难的方法是建立省级的直接融资担保公司，由浙江省政府提供50亿元资金进行担保，支持浙江省的骨干民营企业发行债券等。与此同时，新组建第一期融资为100亿元的上市公司维稳发展支持基金，化解浙江省民营企业的流动性风险。

针对小微民营企业，浙江省政府实行了信贷“增氧”计

划：建立省级再担保有限公司，通过这类有限公司来满足小微民营企业的担保需求，增强信贷资金的保障力度。浙江省政府将中小民营企业的信贷计划全部单列出来，这样做的目的是为了保证浙江省中小民营企业的贷款增速不会比全部贷款增速低，以及对浙江省处于转型中且面临一系列困难的民营企业不会采用压贷等方式。另外，浙江省政府对融资周期较长、正在稳定运行的民营工业企业建立了具体的指导制度，新增加了5000亿元用于小微企业贷款。

2. 大力推广运用各类直接融资工具，优化企业融资结构

浙江省鼓励民营企业充分利用各种直接融资工具，并且对国家层面的直接融资工具先行先试，在全国起到了良好的模范带头作用。同时浙江省开展了优先股融资试点，积极对浙江省民营企业的信贷资产进行证券化发展。另外，浙江省建立了不同种类债券增信的担保制度，并根据浙江省的实际情况制定了一系列政府贴息奖励政策，还规范发展了依托互联网的直接融资方式。

2018年1月到8月，浙江省发行债务融资工具的数量比上年增加了35%。到2018年8月，浙江省省内有321家不同类型的企业在各大银行之间的市场发债，发债量为1.31万亿元，其中民营企业共有133家，发债量为4866亿元。浙江省民营企业通过主动运用债务融资工具，参与债券市场的发展，既为我国多层次资本市场的建设做出了积极的贡献，也在优化融资结构、拓展融资渠道方面给其他省份的民营企业提供了经验。

3. 打通民营企业直接融资的“最后一公里”

浙江省大力实施民营企业“融资畅通工程”，提升金融服务民营企业发展的效能，打通民营企业直接融资的“最后一公里”。

“融资畅通工程”的主要措施有：开展服务企业、服务群众、服务基层的“三服务”活动，建立困难企业的名单、需要支持的优质企业的名单以及量大面广、经营正常又需要资金的中小微企业的名单；建立好金融服务平台，归纳整理市场上的供给、需求信息，同时接入电、气、水等要素使用数据，建立完善金融服务产品体系和市场主体信用体系；分类施策，积极创新，提供差异化金融服务。

4. 开展金融改革试点工作

2012年3月28日，浙江省温州市被国家列为金融改革的重要试点城市。在大的政策背景下，浙江省温州市开始了针对民营企业的金融改革。温州市政府出台了有关民营企业直接融资的一系列管理办法，建立了民间直接融资备案管理相关制度，还健全了对民营企业直接融资监督检查的一系列方式，这些政策增加了温州市民营企业的金融透明度。

二、安徽省的经验

安徽省出台了《促进企业直接融资省级财政奖励实施办法》（以下简称《办法》）等政策，帮助民营企业增强直接融资能力。

（1）安徽省通过奖励的方法来促进本省民营企业在资本市场上直接融资。奖励主要针对两种情况：一是本省民营企业在境外证券交易所挂牌上市；二是本省民营企业在异地上市后将注册地迁回安徽省。这么做的好处是既能够增强安徽省民营企业的直接融资能力，也能够增加安徽省民营企业的数量。《办法》第六条对此做了规定，即“对在境内外证券交易所首发上市的企业，省财政分阶段给予奖励200万元，其中：改制完成并在安徽证监局首次辅导备案的拟上市企业奖励60万元；成功在上海证券交易所、深圳证券交易所上市后再奖励140万元。在境外证券交易所首次公开发行股票融资的（含红筹架构和VIE架构等），省财政一次性奖励200万元。省内企业按规定异地‘买壳’或‘借壳’上市后，将注册地迁回我省的，省财政一次性奖励200万元”。

（2）安徽省政府通过奖励的方式，促进省内民营企业在全国中小企业股份转让系统中挂牌融资，同时促进当地民营企业在安徽省股权托管交易中心挂牌融资，从而使得安徽省民营企业在资本市场直接融资中占据有利的地位。《办法》第七条对此做了规定："对成功在全国中小企业股份转让系统和安徽省股权托管交易中心挂牌融资的企业，省财政按首次股权融资额的1%给予奖励，单个企业最高不超过70万元（与首次办理上市辅导备案登记、成功上市在同一年度内的，不重复奖励）。"

（3）安徽省对首次发行债券的民营企业进行奖励。通过这种方法，既能促使安徽省民营企业积极发行债券，从而使安徽省民营企业实现更加迅速的发展，也能够提高安徽省民营企业在资本市场直接融资的能力。《办法》第八条对此做了规定："对首次成功发行公司债、企业债等债券融资的民营企业，省财政按照实际发行规模的1%给予奖励，单个项目单个企业最高不超过70万元。"

（4）对于相对欠发达地区的民营企业在沪深港交易所上市的，安徽省着重给予奖励。由于安徽省不同地区的发展并不平衡，因此安徽省政府在出台的政策中专门强调要帮助和支持相对欠发达地区的民营企业在资本市场直接融资，对相对欠发达地区的民营企业上市给予特别的奖励。通过这种方法，不但可以提高安徽省相对欠发达地区的民营企业上市的积极性，而且更重要的是能够帮助其提高在资本市场直接融资的能力，进而促进安徽省相对欠发达地区的发展。

（5）安徽省政府对民营企业给予一定的资金支持。2019年，安徽省政府设立了专项基金，对省内民营企业的直接融资进行支持，同时在安徽省的各个市县（区）相应地做出一些优化支出的改变。另外，整合安徽省民营企业和国家担保基金两者之间的关系，为安徽省民营企业直接融资提供风险保障，降低安徽省民营企业的融资担保成本。

三、四川省的经验

2015年10月1日，四川省发布了实施期限为三年的文件《四川省鼓励直接融资财政奖补资金管理办法》（以下简称《办法》），之后出台了《关于促进民营经济健康发展的意见》（以下简称《意见》）。《意见》继承并发扬了《办法》，逐渐成为《办法》的替代品。为解决四川省民营企业融资难这一老大难问题，《意见》提出要鼓励四川省民营企业开展直接融资。

（1）《意见》规定，四川省的民营企业在我国境内外的主要资本市场上第一次公开发行股票上市融资的，政府将给民营企业100万元的补助。在《意见》发表之前的《办法》中，政府规定对第一次在我国境内的主板、中小板、创业板和境外资本市场上市融资的民营企业，一次性给予80万元的补助。相比《办法》中的补助金额，《意见》中的补助金额增加了20万元。这一方面可以促使四川省民营企业积极在境内外上市融资，另一方面还可以使四川省民营企业通过上市融资来解决融资困难的问题，进而促进四川省民营企业快速发展。

(2)《意见》规定，政府支持符合条件的民营企业发行企业债、公司债、银行间市场债务融资工具、中小企业私募债、可转换为股票的公司债等，每年给予企业最高500万元贴息；对通过债券融资工具实现融资的中小微民营企业，政府会给予20万元的补助资金。另外，四川省政府积极实施《公司债券融资创新发展合作备忘录》《借助银行间市场助推四川省经济发展深化合作备忘录》等。四川省的市县级政府对基于单户债券机构的债转股提供最高500万元的奖励；市县级政府对民营企业提供奖励的，四川省财政部门会对其提供50%的财政补贴。与此同时，市县级政府对当地民营企业的债券融资违约行为给予一定的风险补贴；市县级政府对民营企业给予风险补贴的，省财政部门也会对其进行适当的补贴。由此可见，针对民营企业发行债务融资工具，四川省政府采取了具有明显补助性的措施。民营企业发行债务融资工具，一方面可以使民营企业的发展上一个台阶，另一方面可以使民营企业在资本市场上更加容易地进行直接融资。

(3)《意见》规定，鼓励有条件的市（州）组建政策性民营企业纾救基金。四川省国资委批准设立了四川资本市场纾困发展证券投资基金，成立这一基金是为了维护市场的稳定性、活跃市场的交易活动、化解市场的风险。此外，该基金有助于加快民营企业的发展速度，促进民营企业积极上市融资，增强民营企业在资本市场直接融资的能力。

四、对广西的启示

通过对浙江、安徽、四川三个省的政府策略进行分析，我们可以归纳整理出一些有益的经验，从而为广西推动民营企业在资本市场直接融资提供一些启示。

1. 通过创新的政策促进广西民营企业在资本市场直接融资

为了促进广西民营企业在资本市场直接融资，广西政府应该在认真学习中央有关文件及借鉴浙江省、安徽省、四川省政策的基础上，结合广西民营企业在资本市场直接融资的现状以及存在的困难，制定合理的政策方针、规划纲要、行动方案等。

2. 通过多元化支持方案促进广西民营企业在资本市场直接融资

广西政府应该向浙江、安徽、四川学习，通过多元化支持方案来促进民营企业在资本市场直接融资。例如，可以学习浙江省的信贷“增氧”计划，推广运用各类直接融资工具；也可以学习安徽省对上市融资的民营企业进行资金奖励；还可以学习四川省对上市民营企业提供资金补助。只有采取多元化支持方案才能解决广西民营企业所面临的困难，促进广西民营企业在资本市场直接融资。

3. 通过打造良好的营商环境促进广西民营企业在资本市场直接融资

营商环境对一个地方的发展具有非常重要的影响。从浙江、安徽、四川三省的经验中可以看出，正是因为三个省份创造了良好的营商环境，才使得民营企业迅速发展，具有了在资本市场直接融资的能力。因此，广西应该向上述三个省份学习，下功夫打造一个良好的营商环境，使民营企业的发展更加迅速，让直接融资能力良好的民营企业带动直接融资能力一般的民营企业。

第十一章 增强广西民营企业资本市场直接融资能力的策略建议

基于以上分析，建议广西结合发展实际，重点从以下几个方面提升民营企业在资本市场直接融资的能力。

一、加大政策扶持，推进民营企业改制上市

要出台财税优惠政策、土地优惠政策、上市费用补助政策等更多的政策措施，进一步加大扶持力度，鼓励民营企业改制上市。同时，要注重政策执行的灵活性和可操作性。

鼓励区域性股权交易中心建设；丰富债券市场品种和层

次，降低企业（特别是中小企业）发行债券的门槛；探索发展并购投资基金，鼓励私募股权投资基金、风险投资基金开展产品创新，引导社会资金更多关注高新技术产业和现代服务领域的民营中小企业。

建立健全多层次资本市场体系。深化金融行业改革开放，完善金融市场体系，进一步发挥市场对资源配置的决定性作用，降低间接融资比重，提高直接融资比重，引导和鼓励各种资本进入实体行业，促进实体经济发展。

建立和完善基于多层次资本市场的直接融资体系。降低民营企业上市的门槛，鼓励其在主板市场上融资；利用二板市场，为民营科技企业开辟融资渠道；利用外国证券市场，开拓海外上市融资渠道；鼓励企业发行债券融资。

在民营经济领域尽可能扩大产权交易范围，对资本投入和退出渠道进行进一步完善，使得民营经济领域的存量、增量、有形、无形等各类资产有序健康流转交易。

引导和鼓励发展服务于中小民营企业的风险创业投资机构，健全广西民营企业融资体系。要引导和鼓励风险创业投资机构采用网络等多种方式建立目标信息库；引导和鼓励广西风险创业投资服务中介机构的发展，并为风投企业和需求中小企业提供风投决策服务，促进风投企业和中小企业相互合作，互惠互利，共同成长，良性发展；建立和完善风投资本的有序健康退出机制。

监管部门应逐步增加民营企业发债的额度，鼓励民营企业在资本市场直接融资，提高民营企业的融资效率，降低融资成本。为保障民营企业债券顺利发行，监管部门要根据实际情况，按年对银行等金融机构进行民营企业债券比重的考核，避免国有企业和政府融资平台获得过大比重的债券投资。

规范政策、法规，为民营企业直接融资扫清障碍。在政府运行机制上，改“计划控制”的证券发行管理方式为“标准控制”，使符合相关法律法规要求的企业均可根据程序获得股票和债券的发行许可。政府应根据风险资本市场运行机制的要求，采取健全法律法规、给予税收优惠、协助风险管理、适当提供贷款担保、实行政府采购等相关措施，引导鼓励风险机构和需求企业从市场中选择人才、资金、项目等，建立真正的资本市场。

二、强化服务引导，搭建民营企业直接融资的便捷通道

精准帮扶，优化政府引导。政府支持是IPO推进的动力和保障。要把上市列入党政“一把手”工程，在人员配备、经费等方面给予必要的保证。加大对解决历史遗留问题的支持，特别是在补办土地、房产等权证过程中妥善处理处罚问题，在法律、法规允许的范围内，按照促进企业

创新发展的原则处理。通过多种形式筹措上市基金，提高企业上市奖励标准。加大对企业科技、管理、人才等软实力方面的支持，切实帮助企业提高经营管理和技术创新水平，为企业上市扫清障碍。

加大统筹协调力度，自治区要定期召开联席会议研究有关上市事宜。同时，加大培训和交流力度，通过培训、讲座、座谈、联谊等形式，逐步搭建民营企业与金融、证监、证券中介服务机构的交流平台，构建政府、商会和企业之间信息交流互动的机制。

推动企业对接资本市场，需要“两手抓”：一手抓重点企业，推进规模企业规范化公司制改制；一手抓培训辅导，为企业答疑解惑。建议广西与上海证券交易所合作共建广西资本市场服务基地，初步形成涵盖上市前培育辅导、上市中协调服务、上市后资本运营的服务体系；组建各市公司协会，定期组织重点企业开展“走进上交所”“走进深交所”活动，举办企业改制培训班、投融资路演对接会等，调动企业上市的积极性和主动性。

在建设面向东盟的金融开放门户的过程中，要请国家给予广西更多的支持，支持广西优质科创企业打包重组上市或者赴新三板、区域性股权交易市场挂牌，加强对西部地区中小微企业的精准金融扶持，允许企业用订单、应收账款等抵押贷款。要开展知识产权质押融资、专利保险、投贷联动等金融创新，支持科技金融专营机构发展。另外，开展绿色金融改革试点。

为降低企业直接融资成本，要进一步多措并举，实行全过程企业上市补助机制；加快推进区域性基金管理中心建设，引导基金与产业融合发展；鼓励金融机构进行服务创新和产品创新，为企业提供更多的市场化工具，如推动银行独立发行超短融信用风险缓释凭证，有效降低企业融资成本。

三、培育后备资源，拓宽民营企业直接融资的渠道

加大对民营企业做大做强的扶持力度。要破除当前民营企业在资本市场直接融资的困境，必须加大力度培育更多的规模企业，推动更多的广西民营企业做大做强。在资本市场直接融资能否成功，归根到底要看企业自身的实力。各上市后备企业要把功夫花在增强企业综合竞争力上，规范经营管理，加强技术创新，提升盈利能力，打造行业标杆。同时，要引导企业管理者认识到创新发展的重要性，不断投入资源，积极开拓创新，实现企业做大做强。

大力培育上市公司后备资源。做好民营企业上市的基础性工作，推动具有一定创新能力、产品技术性强、发展前景较好或者商业模式较新的民营中小企业进入上市企业储

备库，支持和鼓励汽车摩托车制造、资源加工、精细化工、房地产、餐饮、现代农业、数字信息等产业链的重要企业，创新发展成为优质上市企业，回馈社会。

拓宽民营企业直接融资的渠道。广西有关部门要更加积极主动地与交易所、证监会、证券公司、资本市场服务机构等沟通联系，积极引进一批优质的投资银行、证券公司、会计师事务所、律师事务所以及国内外战略投资者。总之，要在法律法规的大框架下，采取各种措施积极为民营企业开拓直接融资渠道。

四、用活区域要素市场，加大股权资本供给力度

大力发展期货市场。加强与证监会的沟通对接，争取证监会批准广西设立期货法人机构。充分发挥期货品种主产区优势，带动相关产业发展。充分利用期货市场，引导广西民营企业合理套期保值，降低商品价格波动风险，更好地锁定企业生产经营成本和利润。

探索开展排污权、碳排放权交易，规范发展产权、文化、环境能源等各类权益类交易市场，构建独具沿边特色、风险可控、交易活跃、服务实体经济有效的区域性交易市场体系，推动广西民营企业开展各类交易。

加快发展各类产业投资基金，建立健全“1+N 母子基

金”投资模式，积极设立发展不同类型的产业投资子基金。结合广西不同产业的发展现状，设立国企混改基金、重点产业基金、新兴产业基金等；引导和鼓励发展天使、创投、成长、并购等各类基金，满足不同类型和不同生命周期企业的投融资需求，推动民营企业通过基金融资。

设立与区域股权市场机制相互衔接的政府引导基金，服务符合北部湾股权交易所挂牌标准的企业，给予民营企业尤其是广西重点民营企业股权投资支持。鼓励私募基金进入广西，引导其将资金投向广西企业尤其是民营企业。

充分整合自治区内所有资本市场的资源，进一步完善产权交易相关制度，形成统一规范、监管有效、有序流通、资源配置能力强的产权交易市场。进一步汇集全区产权市场交易信息，扩大产权交易规模，活跃产权交易市场。制定全区统一的产权市场交易规则，强化产权交易监管，防止不规范产权交易行为。通过发展产权交易市场，推动民营企业经济布局的战略调整和企业产权制度的改革，促进混合所有制经济发展。产权交易市场要着眼于国家发展大格局，立足广西，通过西部陆海新通道和“一带一路”以及 RCEP 等，辐射相关省份和东盟国家，并提供相关服务，促进跨区域经济合作发展。

站在构建多层次资本市场的高度，充分利用企业国有产权混改的契机，在资本市场发展利用总体规划的框架范围内，建立和完善相关产权市场及其监督管理体系。以广西联合产权中心公司为依托，清理、重组、整合已有的产权交易机构，形成为各类所有制企业服务的统一产权市场——广西联合产权交易中心，并逐步将广西联合产权交易中心的服务区域从广西区内拓展到中西部地区乃至东盟地区，最终形成广西产权交易共同市场。

五、强化人才队伍建设，培育壮大中介服务机构

加大金融高端人才的引进力度。要整合自治区已有的创新驱动发展专项资金以及各项人才资金，给予金融高端人才更多的直接补贴。例如，对引进的金融专业的博士、博士后以及高级职称人才，可考虑 5 年内给予 20 万元至 40 万元的直接生活补贴。对于资本市场发展的领军人才和金融界优秀企业家，要一事一议，给予更大力度的资金扶持，吸引其来广西发展。另外，还可以从住房保障、子女入学、户口迁移、配偶就业、职称评审等方面，制定更为创新务实的金融人才引进政策。例如，对于来广西就业的金融专业的博士、博士后及高级职称人才，可以考虑给予其子女中小学择校自主权、保障房优先选择权等。

多方发力，夯实服务平台。加强与证监会、沪深交易所和股权投资机构等的沟通与合作，定期召开企业上市动员

会及多种形式的银企对接会。进一步发展证券公司、会计师事务所、律师事务所、风险投资机构和评估事务所等相关服务机构，促进上市服务能力的提高。充分发挥国海证券、北部湾股权交易所等专业服务机构的作用，拓宽企业对接资本市场的信息通道，为企业提供优质、专业、全面的服务。

六、优化营商环境，加强协调服务机制建设

优化环境，提振上市信心。企业上市是一项系统工程，牵涉面广、专业性强、工作量大，需要工商、税务、土地等 15 个以上的部门审批。应建立专业化的一条龙服务通道，简化审批流程，提高审批效率，合力促进企业上市发展。另外，应开展专业化、多形式、多层次的专题培训，对成功案例进行有效的宣传，增强企业上市的信心。

统一认识，合力营造促进民营企业直接融资的良好氛围。各级各部门要转变观念，明确要求，理清思路，增强紧迫感和主动性，推动各方形成合力，营造促进民营企业直接融资的良好氛围。

上下联动，构建齐抓共管的工作格局。进一步细化和落实各地各部门责任，出台民营企业资本市场直接融资考核办法，使相关部门积极主动参与和支持民营企业的直接融

资工作，逐步形成政企联动、机构合作的服务机制，促进民营企业在资本市场直接融资。

精准激励，进一步完善多层次资本市场体系。设立鼓励民营企业上市的专项基金，对有上市潜力的企业进行一定的股权投资，鼓励发展潜力大的上市企业并购、定增等，定向减免上市相关服务费用或者提供补贴，使民营企业低成本上市，与社会共同发展。

聚焦服务，开辟民营企业资本市场直接融资“绿色通道”。在涉及资产、股权、结构重组等审批的环节，做到特事特办、急事快办。建立民营企业资本市场直接融资专业一体化服务团队，该团队包括法律、税务、会计、审计等专业人员，为有潜力上市的民营企业提供专业一体化服务。

附录1 广西民营企业资本市场直接融资调查问卷

尊敬的先生/女士：

您好！本调查的主要目的是了解贵公司在资本市场直接融资方面的发展诉求。问卷中如未注明多选的则为单选。问卷资料仅用于课题研究，最后将以样本统计分析结果的形式呈现，不会单独展示某家公司的具体信息。我们将对问卷内容严格保密，保证不会外泄您公司的调研数据。衷心感谢您的大力支持！

一、企业基本信息

1. 企业所在行业：(　　)

A. 第一产业

B. 第二产业

C. 第三产业

2. 企业创建年限：(　　)

A. 1～3年　　　　B. 3～5年

C. 5～10年　　　D. 10年以上

3. 贵公司是否上市或处于上市哪个阶段？(　　)

A. 改制前准备阶段

B. 正在改制

C. 上市辅导期

D. 上市申请期

E. 不想上市

F. 已上市

二、企业资本市场直接融资情况及诉求

4. 当前资金主要来源：(　　)

A. 自有资金　　　　B. 银行贷款

C．上市融资　　　D．发行债券

E．民间借贷　　　F．其他：____________

5．选择上市融资的目的是（多选）：（　　）

A．为新项目融资　　B．扩大企业规模

C．兼并收购　　　　D．股权激励

E．提高企业声誉　　F．其他：__________

6．改制上市过程中遇到的主要困难和问题有（多选）：（　　）

A．财政奖励较少

B．中介费用较高

C．与政府部门沟通难

D．财务规范成本较高

E．上市业绩条件不够

F．中介机构难找

G．企业运作不规范导致改制难度较大

H．上市推进缺少有效手段

I．上市所花费的时间成本高

J．其他：____________

7．在改制上市过程中最需要政府部门奖励资金的阶段是：（　　）

A．股改前规范阶段

B．上市辅导阶段

C．上市材料申报后审核阶段

D．过会后至交易所上市前阶段

E．上市成功后

8．改制上市过程中希望政府部门给予下列哪些融资支持（多选）？（　　）

A．间接融资利息补贴

B．帮助企业对接银行

C．财政引导基金入股

D．帮助引进产业基金

E．协助给予融资担保

F．其他：____________

9．哪些政府扶持政策对公司上市很有帮助（最多选三项）？（　　）

A．税费减免

B．设立企业发展基金

C．提供贷款担保服务

D．减少行政收费

E．人才引进和培训

F．改善用房用地

G．提供政策、法律等咨询服务

H．搭建企业信息交流平台

I．帮助企业与监管部门对接

J. 历史沿革规范和确认

K. 其他：____________

10. 改制上市过程中希望政府提供哪种协调服务（多选）？（　　）

A. 提供"一站式"政务服务，为后备上市企业提供"绿色通道"

B. 定期组织上市培训推进会

C. 组建上市中介专家组服务企业

D. 定期组织拟上市企业与相关部门交流对接

E. 定期组织上市企业与拟上市企业交流

F. 其他：____________

11. 在当前的经济发展背景下，是否有境外上市的打算？（　　）

A. 是　　　　B. 否　　　　C. 不确定

12. 如有境外上市的打算，最希望政府提供哪些方面的支持（多选）？（　　）

A. 提供上市相关费用补贴

B. 帮助对接境外上市团队

C. 组织宣讲境外上市政策

D. 其他：____________

13. 广西会计师事务所、律师事务所等中介机构的服务质量是否能满足企业直接融资的需求？（　　）

A．满足

B．基本满足

C．不能满足

14．贵公司未来还有哪些直接融资需求（多选）？（　　）

A．债券融资

B．融资租赁

C．跨境投融资及并购

D．知识产权证券化

E．除知识产权证券化外的其他类型

F．其他：______________

15．若公司有债券融资需求，未来拟选择哪种债券产品融资（多选）？（　　）

A．公司债券（公募）

B．企业债券

C．项目收益债券

D．公司债券（私募）

E．可续期债券

F．绿色债券

G．短期融资券

H．中期票据

I．定向工具

J．其他：______________

三、企业对改制上市政策的知悉情况

16. 贵公司是否熟悉资本市场IPO相关政策要求？（　　）

A. 详细掌握

B. 一般了解

C. 不了解

17. 贵公司是否熟悉广西的上市支持奖励政策？（　　）

A. 详细掌握

B. 一般了解

C. 不了解

18. 贵公司是否熟悉广西的区域性股权交易优惠政策？（　　）

A. 详细掌握

B. 一般了解

C. 不了解

19. 贵公司是否熟悉资本市场债权融资相关政策要求？（　　）

A. 详细掌握

B. 一般了解

C. 不了解

20．贵公司了解资本市场直接融资相关政策最主要的途径是（多选）：（　　）

A．政府部门宣传

B．中介机构宣讲

C．网站

D．其他：____________

21．贵公司了解企业融资相关政策最主要的渠道有（多选）：（　　）

A．当地政府部门

B．社会服务机构

C．行业协会

D．网络

E．其他：____________

22．除上述问题外，贵公司认为目前直接融资方面还存在哪些问题或希望得到哪些支持？

____

附录 2
广西民营企业资本市场直接融资调查问卷结果分析

关于资金来源，接受调研的民营企业的资金来源主要是自有资金和银行贷款，排在第三的是民间借贷。这表明，广西大多数民营企业在资本市场的直接融资活动较少。

关于上市（在能上市的情况下）的目的，接受调研的民营企业上市融资的主要目的是为新项目融资和扩大企业规模。这表明，广西大多数民营企业在资本市场直接融资缺乏经验。

关于改制上市过程中遇到的主要困难，接受调研的民营企业认为，主要的困难是企业运作不规范导致改制难度较大、与政府部门沟通难和上市所花费的时间成本太高。这表明，当前推动广西民营企业在资本市场直接融资的过程中，推动企业进一步规范运作和优化营商环境仍然是广西最应该加强的方面。

关于改制上市过程中哪个阶段最需要政府部门奖励资金，接受调研的民营企业认为，股改前规范阶段是最需要政府给予奖励资金的。但是，当前民营企业上市直接融资的奖励大多数是在上市成功之后。这表明，当前推动广西民营企业在资本市场直接融资的过程中，政府部门的扶持手段和方式应进一步创新。

关于改制上市过程中希望政府部门给予哪些融资支持，接受调研的民营企业认为，最需要政府帮助企业对接银行并协助给予融资担保。这表明，广西大多数民营企业在融资过程中仍然面临担保问题和与银行对接沟通不畅的问题。

关于哪些政府扶持政策对公司上市有帮助，接受调研的民营企业认为，最需要政府提供政策、法律等咨询服务，帮助企业与监管部门对接，并提供贷款担保服务。这表明，广西大多数民营企业在直接融资过程中，在咨询服务、对接监管部门和融资担保方面仍然面临很多障碍。

关于改制上市过程中希望政府提供哪种协调服务，接受调研的民营企业认为，最需要的是提供“一站式”政务服务，为后备上市企业提供“绿色通道”。这表明，广西大多数民营企业在直接融资过程中面临营商环境不优的问题。

关于境外上市，问卷调研表明，广西大多数民营企业目前并没有境外上市的打算，在有境外上市打算的民营企业中，大多数民营企业认为最需要政府帮助对接境外上市团队。这表明，在民营企业境外上市的过程中，政府和中介机构的服务力度仍有待加大。

关于直接融资需求，广西大多数民营企业有债券融资、融资租赁等方面的融资需求。这表明，广西民营企业除了股票市场直接融资外，还有很大的直接融资需求。

关于企业对政策的熟悉程度，广西大多数民营企业对资本市场 IPO 的相关要求还是了解的，但对于广西的上市支持奖励政策大多数为一般了解，对于广西的区域性股权交易优惠政策、资本市场债券融资相关政策等大多不是很了解。这表明，广西仍有必要加大对上市支持奖励政策、区域性股权交易优惠政策等的宣传。

关于企业了解资本市场直接融资政策的途径，广西大多数民营企业都是通过网站和第三方机构及协会宣讲来了解。这表明，广西政府部门仍有必要加大对直接融资相关政策的宣传。

第 1 题 企业所在行业：（ ）[单选题]

选项	小计	比例
第一产业	7	13.73%
第二产业	35	68.63%
第三产业	9	17.65%
本题有效填写人次	51	

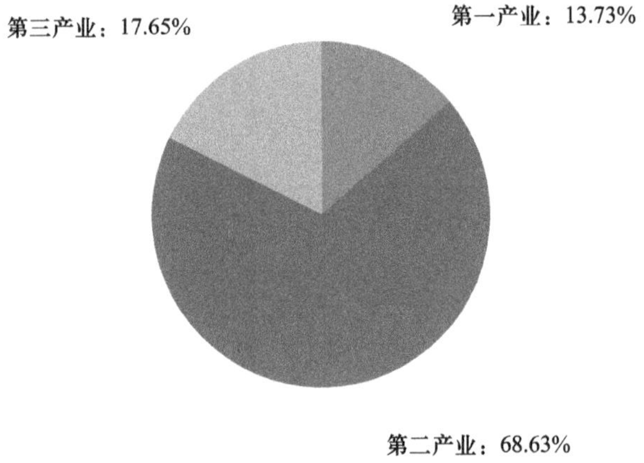

第 2 题 企业创建年限：（ ）[单选题]

选项	小计	比例
1~3 年	0	0%
3~5 年	0	0%
5~10 年	11	21.57%
10 年以上	40	78.43%
本题有效填写人次	51	

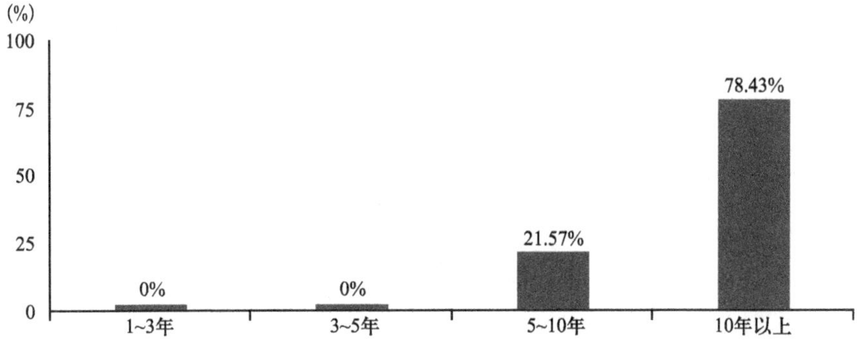

第 3 题　贵公司是否上市或处于上市哪个阶段?(　　)

[单选题]

选项	小计	比例
改制前准备阶段	4	7.84%
正在改制	14	27.45%
上市辅导期	5	9.80%
上市申请期	10	19.61%
不想上市	4	7.84%
其他	14	27.45%
本题有效填写人次	51	

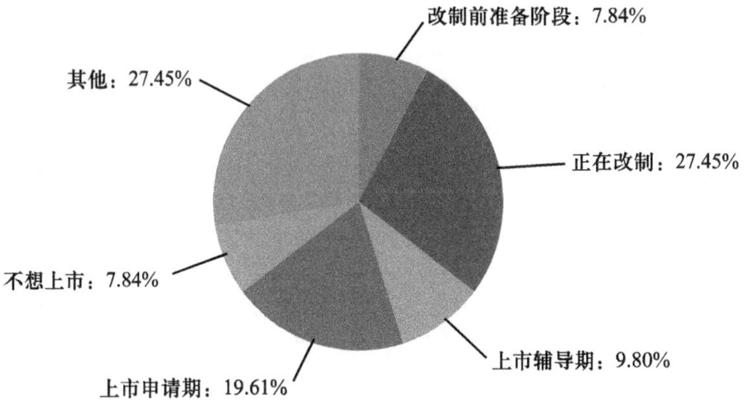

第 4 题　当前资金主要来源：(　　)［多选题］

选项	小计	比例
自有资金	38	74.51%
银行贷款	34	66.67%
上市融资	4	7.84%
发行债券	1	1.96%
民间借贷	5	9.80%
本题有效填写人次	51	

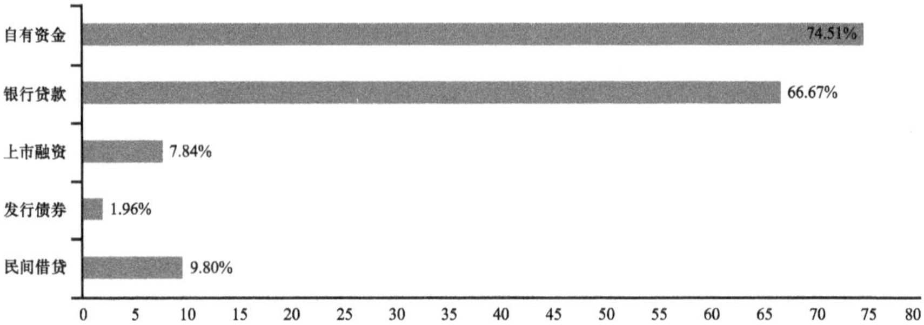

第 5 题　选择上市融资的目的是：(　　)［多选题］

选项	小计	比例
为新项目融资	37	72.55%
扩大企业规模	42	82.35%
兼并收购	5	9.80%
股权激励	2	3.92%
提高企业声誉	8	15.69%
其他	1	1.96%
本题有效填写人次	51	

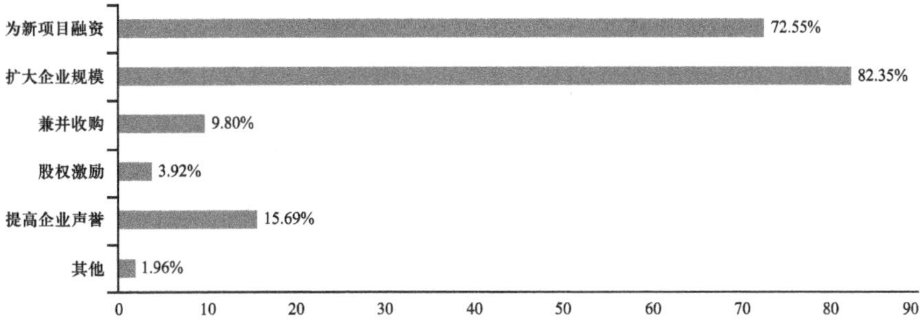

第6题 改制上市过程中遇到的主要困难和问题有：(　　)[多选题]

选项	小计	比例
财政奖励较少	1	1.96%
中介费用较高	13	25.49%
与政府部门沟通难	29	56.86%
财务规范成本较高	11	21.57%
上市业绩条件不够	1	1.96%
中介机构难找	1	1.96%
企业运作不规范导致改制难度较大	36	70.59%
上市推进缺少有效手段	6	11.76%
上市所花费的时间成本高	30	58.82%
本题有效填写人次	51	

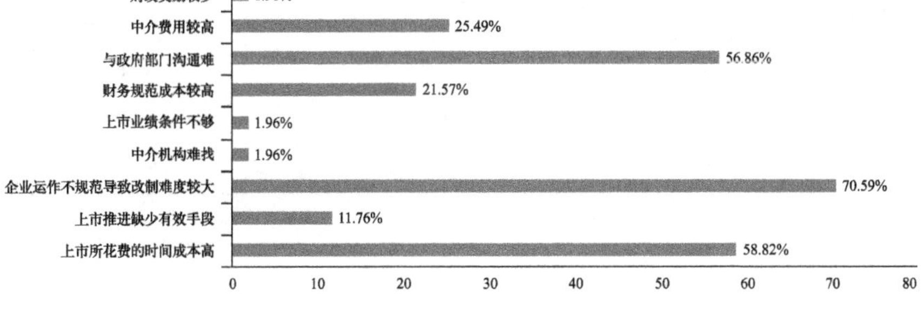

第 7 题　在改制上市过程中最需要政府部门奖励资金的阶段是：(　　)[单选题]

选项	小计	比例
股改前规范阶段	41	80.39%
上市辅导阶段	9	17.65%
上市成功后	1	1.96%
本题有效填写人次	51	

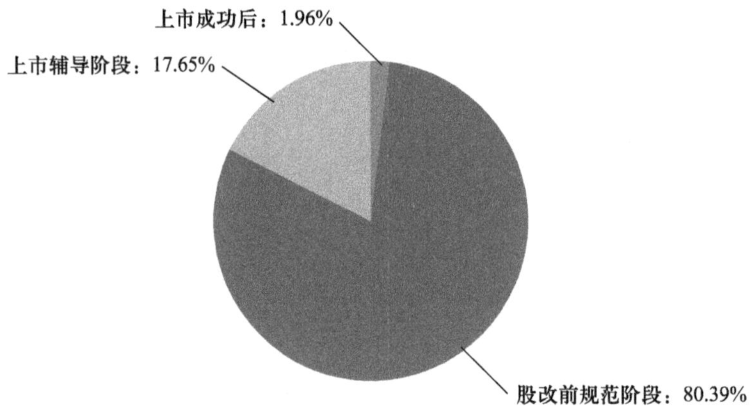

第 8 题　改制上市过程中希望政府部门给予下列哪些融资支持？(　　)[多选题]

选项	小计	比例
间接融资利息补贴	23	45.10%
帮助企业对接银行	37	72.55%
财政引导基金入股	1	1.96%
帮助引进产业基金	3	5.88%
协助给予融资担保	32	62.75%
本题有效填写人次	51	

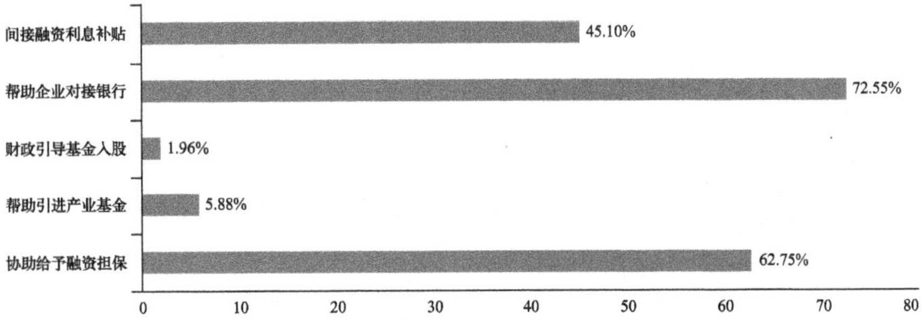

第9题　哪些政府扶持政策对公司上市很有帮助?(　　)[多选题]

选项	小计	比例
税费减免	21	41.18%
设立企业发展基金	4	7.84%
提供贷款担保服务	22	43.14%
减少行政收费	8	15.69%
人才引进和培训	2	3.92%
改善用房用地	8	15.69%
提供政策、法律等咨询服务	42	82.35%
搭建企业信息交流平台	2	3.92%
帮助企业与监管部门对接	33	64.71%
历史沿革规范和确认	6	11.76%
本题有效填写人次	51	

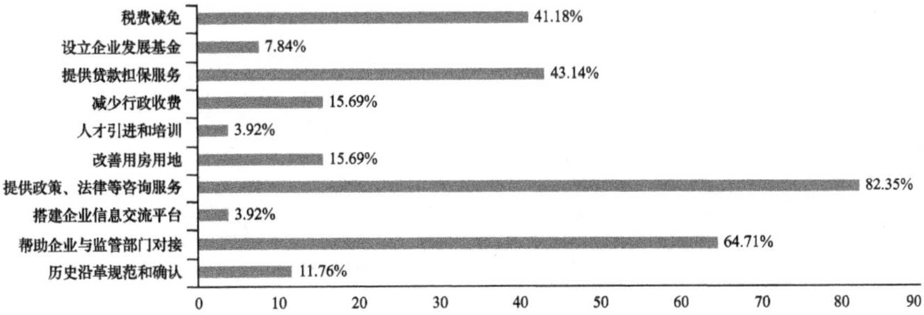

第 10 题　改制上市过程中希望政府提供哪种协调服务？（　　）［多选题］

选项	小计	比例
提供“一站式”政务服务，为后备上市企业提供“绿色通道”	50	98.04%
定期组织上市培训推进会	4	7.84%
组建上市中介专家组服务企业	7	13.73%
定期组织拟上市企业与相关部门交流对接	10	19.61%
定期组织上市企业与拟上市企业交流	6	11.76%
本题有效填写人次	51	

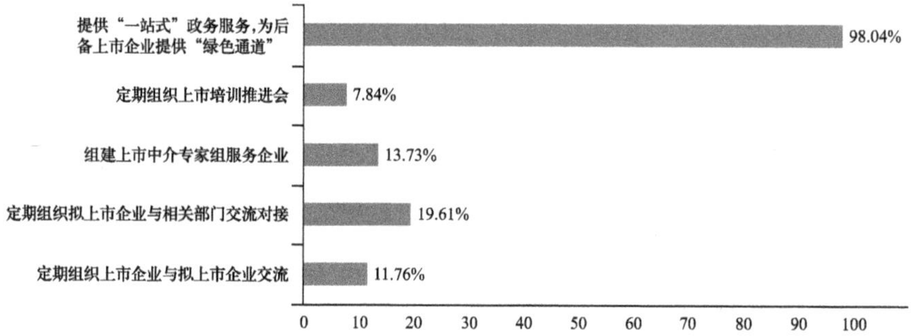

第 11 题　在当前的经济发展背景下，是否有境外上市的打算？（　　）［单选题］

选项	小计	比例
是	4	7.84%
否	40	78.43%
不确定	7	13.73%
本题有效填写人次	51	

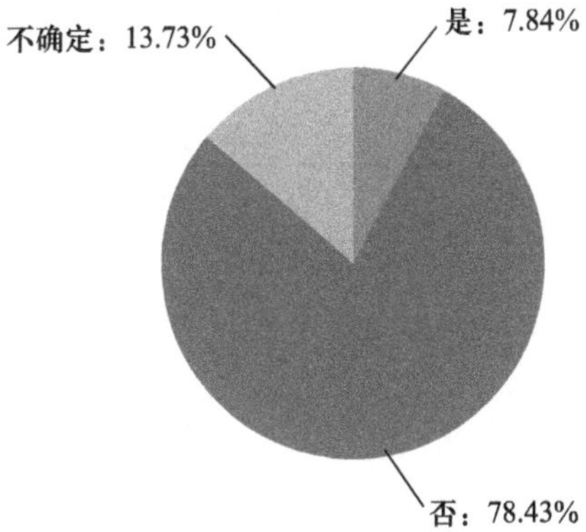

第12题　如有境外上市打算，最希望政府提供哪些方面的支持？（　　）[多选题]

选项	小计	比例
提供上市相关费用补贴	2	3.92%
帮助对接境外上市团队	13	25.49%
组织宣讲境外上市政策	3	5.88%
其他	34	66.67%
本题有效填写人次	51	

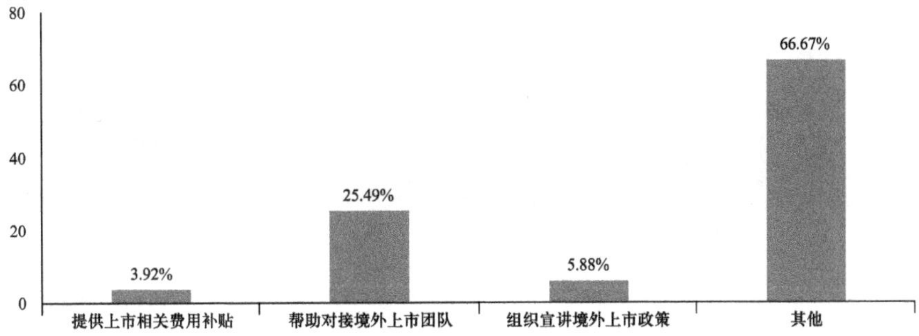

第13题　广西会计师事务所、律师事务所等中介机构的服务质量是否能满足企业直接融资的需求？（　　）[单选题]

选项	小计	比例
满足	0	0%
基本满足	4	7.84%
不能满足	47	92.16%
本题有效填写人次	51	

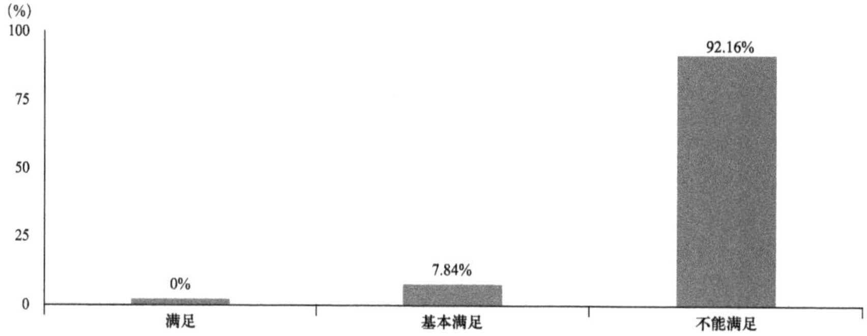

第 14 题　贵公司未来还有哪些直接融资需求？（　　）

[多选题]

选项	小计	比例
债券融资	43	84.31%
融资租赁	26	50.98%
跨境投融资及并购	13	25.49%
知识产权证券化	9	17.65%
除知识产权证券化外的其他类型	1	1.96%
其他	1	1.96%
本题有效填写人次	51	

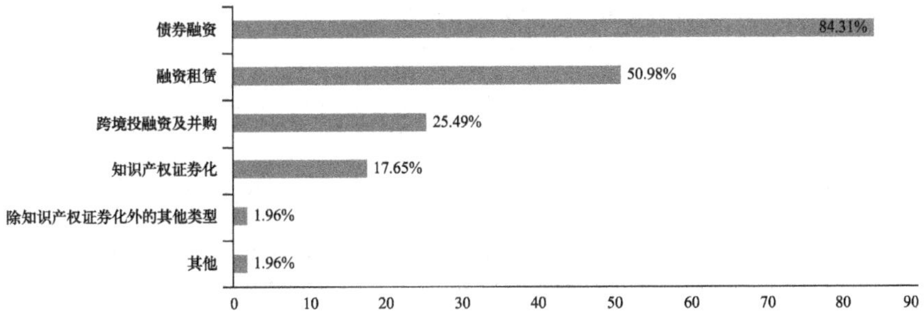

第15题　若公司有债券融资需求，未来拟选择哪种债券产品融资？（　　）[多选题]

选项	小计	比例
公司债券（公募）	0	0%
企业债券	41	80.39%
项目收益债券	0	0%
公司债券（私募）	0	0%
可续期债券	5	9.80%
绿色债券	0	0%
短期融资券	30	58.82%
中期票据	36	70.59%
定向工具	0	0%
其他	0	0%
本题有效填写人次	51	

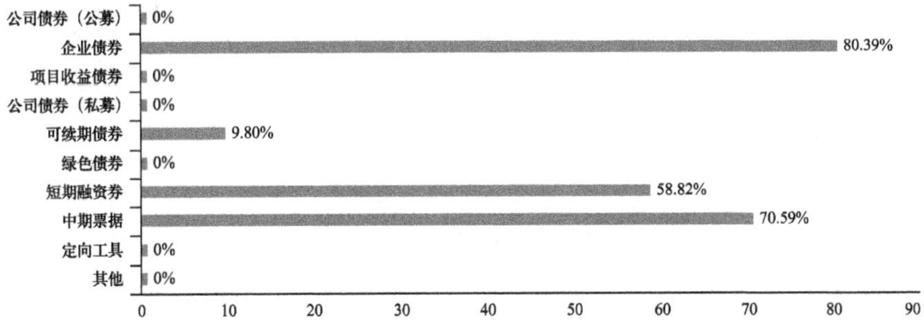

第 16 题　贵公司是否熟悉以下政策要求？[矩阵单选题]

题目 / 选项	详细掌握	一般了解	不了解
资本市场 IPO 相关政策要求	29（56.86%）	18（35.29%）	4（7.84%）
广西的上市支持奖励政策	17（33.33%）	28（54.90%）	6（11.76%）
广西的区域性股权交易优惠政策	0（0%）	21（41.18%）	30（58.82%）
资本市场债权融资相关政策要求	1（1.96%）	17（33.33%）	33（64.71%）

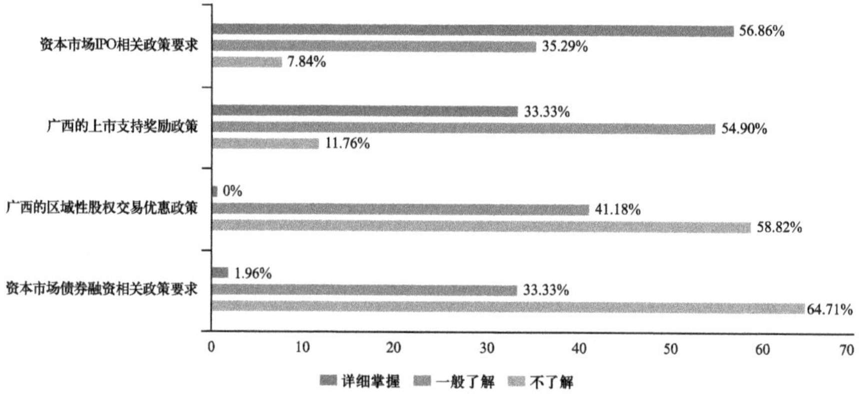

第 17 题　贵公司了解资本市场直接融资相关政策最主要的途径是：（　　）[多选题]

选项	小计	比例
政府部门宣传	3	5.88%
中介机构宣讲	16	31.37%
网站	36	70.59%
本题有效填写人次	51	

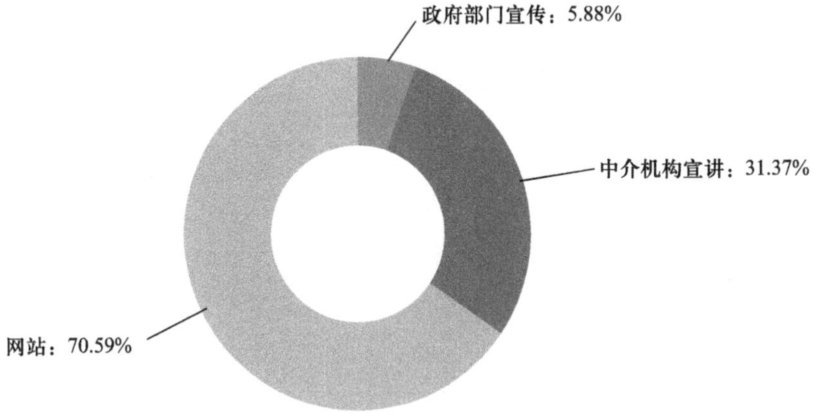

第 18 题　贵公司了解企业融资相关政策最主要的渠道有：(　　) [多选题]

选项	小计	比例
当地政府部门	3	5.88%
社会服务机构	1	1.96%
行业协会	14	27.45%
网络	36	70.59%
本题有效填写人次	51	

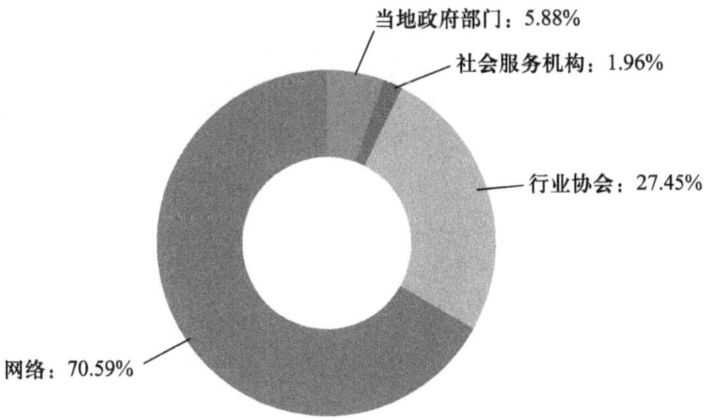

参考文献

[1] 王宝荣．民营企业制度创新的驱动因素及发展方向[J]. 广西大学学报（哲学社会科学版），2003（4）：52–55.

[2] 廖万新．民企管理通病及制度创新建议[J]. 企业改革与管理，2020（1）：40–41.

[3] 孟令燕．民营企业人力资源管理创新发展研究[J]. 财富时代，2020（2）：199–200.

[4] 杨玉民．努力提高民营企业科技创新能力[J]. 中国科技信息，2006（6）：330–332.

[5] 伦顺成．青海民营企业科技创新能力研究[J]. 攀登，2011，30（5）：105–109.

[6] 陈德金，林继扬．科技创新支持福建民营企业高质量发展研究 [J]. 华东科技，2018（10）：64-67.

[7] 潘荣，连杰. 民营企业人力资源管理问题与对策 [J]. 合作经济与科技，2006（7）：25-26.

[8]Agnes A W, Abdurrahman A S, Distrik I W K H.Research and Analysis of Human Resource Management in Private Retail Enterprises Based on Double Layer Game Model[J]. MA Healthcare Ltd., 2014, 1（4）.

[9] 罗明星，罗永峰．科学技术创新的分类 [J]. 科学学研究，2006，24（Z）：17-20.

[10] 丁娟．创新理论的发展演变 [J]. 现代经济探讨，2002（6）：27-29.